A CORAGEM DE NÃO AGRADAR

Ichiro Kishimi e Fumitake Koga

A CORAGEM DE NÃO AGRADAR

SEXTANTE

Título original: *Kirawareru Yuki*

Publicada originalmente no Japão como *Kirawareru Yuki* por
Diamond Inc., Tóquio, em 2013.
Primeira publicação no Brasil pela Editora Sextante, em 2018.
A edição brasileira foi publicada em acordo com Diamond Inc.
por meio da Tuttle-Mori Agency Inc., Tóquio, por intermédio de
Chandler Crawford Agency, Massachusetts, EUA.

tradução: Ivo Korytowski
preparo de originais: Ângelo Lessa
revisão: Hermínia Totti e Tereza da Rocha
diagramação: Valéria Teixeira
capa: DuatDesign
imagem de capa: Dusty Pixel photography / Getty Images
impressão e acabamento: Associação Religiosa Imprensa da Fé

CIP-BRASIL. CATALOGAÇÃO NA PUBLICAÇÃO
SINDICATO NACIONAL DOS EDITORES DE LIVROS, RJ

K66c Kishimi, Ichiro

A coragem de não agradar/ Ichiro Kishimi, Fumitake Koga; tradução de Ivo Korytowski; Rio de Janeiro: Sextante, 2018.
272p.; 14 x 21 cm

Tradução de: The Courage to Be Disliked
ISBN 978-85-431-0569-7

1. Autorrealização (Psicologia). 2. Sucesso – Aspectos psicológicos. 3. Sabedoria. I. Koga, Fumitake. II. Korytowski, Ivo. III. Título.

CDD: 158.1
17-46136 CDU: 159.947

Rua Voluntários da Pátria, 45 – 14.º andar – Botafogo
22270-000 – Rio de Janeiro – RJ
Tel.: (21) 2538-4100
E-mail: atendimento@sextante.com.br
www.sextante.com.br

NOTA DOS AUTORES

Sigmund Freud, Carl Jung e Alfred Adler são gigantes no mundo da psicologia. Este livro é uma destilação das ideias e dos ensinamentos filosóficos e psicológicos de Adler na forma de um diálogo narrativo entre um filósofo e um jovem.

As teorias de Adler têm ampla base de aceitação na Europa e nos Estados Unidos e apresentam respostas simples e diretas à seguinte questão: como ser feliz? A psicologia adleriana talvez detenha a chave desse segredo. Agora vamos acompanhar o jovem e nos aventurar além da "porta".

NA PERIFERIA DA CIDADE MILENAR VIVIA UM filósofo que ensinava que o mundo era simples e que a felicidade estava ao alcance de todos. Certo dia, um jovem insatisfeito com a vida foi visitar o filósofo para conversar sobre o assunto. Ele achava o mundo um lugar carregado de contradições e, a seus olhos ansiosos, qualquer noção de felicidade era completamente absurda.

INTRODUÇÃO

JOVEM: Você acredita mesmo que o mundo é um lugar simples?

FILÓSOFO: Sim, este mundo é espantosamente simples, assim como a própria vida.

JOVEM: Este é um argumento idealista? Ou você está falando de uma teoria viável? Ou seja, está dizendo que todos os problemas que você, eu ou qualquer um enfrenta na vida são simples?

FILÓSOFO: Sim, isso mesmo.

JOVEM: Tudo bem, mas me deixe explicar por que decidi fazer esta visita. Primeiro, quero debater esse assunto com você até me dar por satisfeito e, depois, se possível, quero fazer você refutar sua própria teoria.

FILÓSOFO: Muito bem, meu jovem!

JOVEM: Já ouvi muita coisa a seu respeito. As pessoas dizem que existe um filósofo excêntrico morando aqui e que os ensinamentos e argumentos dele são difíceis de ignorar. Segundo ele, *as pessoas podem mudar, o mundo é simples e todos podem ser felizes*. Foi isso que ouvi, mas acho esse ponto de vista um tanto descabido, por isso quis confirmar pessoalmente. Se eu considerar que você disse algo absurdo, vou apontar e corrigir... Mas você não vai ficar irritado, vai?

FILÓSOFO: Não, eu ficarei feliz com essa oportunidade. Venho querendo ouvir as ideias de um jovem como você e aprender o máximo possível com o que puder me contar.

JOVEM: Obrigado. Não pretendo rejeitar logo de cara tudo o que você tem a dizer. Vou levar seus pontos de vista em consideração e pensar a respeito. Você afirma que o mundo é simples, e a vida, também; mas essa tese só pode ter o mínimo de verdade se for dita por uma criança. As crianças não têm obrigações óbvias, como pagar impostos ou trabalhar. São protegidas pelos pais e pela sociedade e podem passar dias e dias sem qualquer preocupação. Podem imaginar um futuro eterno e fazer o que quiserem. Não precisam encarar uma realidade sombria, pois têm os olhos vendados. Então, para elas, o mundo deve mesmo ser simples. O problema é que, à medida que a criança amadurece e se torna adulta, o mundo revela sua verdadeira natureza. Em pouco tempo, ela vai descobrir como as coisas são de verdade. Sua opinião vai mudar e ela passará a ver apenas impossibilidades. Aquela visão romântica acaba sendo substituída pelo realismo cruel.

FILÓSOFO: Entendi. Interessante.

JOVEM: E isso não é tudo. Quando crescer, a criança vai se envolver em relacionamentos complicados e receber todo tipo de responsabilidades. É assim que a vida será para ela no trabalho, em casa ou em qualquer papel que assumir na sociedade. Nem preciso dizer que ela se conscientizará de vários problemas sociais que não compreendia na infância, como a discriminação, a guerra e a desigualdade. Quando se der conta dessas coisas, não será capaz de ignorá-las. Estou errado?

FILÓSOFO: Soa correto para mim. Por favor, continue.

Jovem: Se ainda vivêssemos numa época em que a religião predominava, a salvação poderia ser uma opção, porque os ensinamentos divinos eram a verdade do homem e significavam tudo. Só precisávamos obedecer aos ensinamentos e, consequentemente, tínhamos pouco em que pensar. Mas a religião perdeu o poder e agora não existe mais uma crença real em Deus. Como não temos mais nada em que confiar, estamos cheios de ansiedade e dúvidas. Cada um vive por si. Assim é a sociedade de hoje. Por isso, considerando tudo o que eu disse e sabendo que somos controlados por essa realidade, por favor, me responda: como você pode continuar afirmando que o mundo é simples?

Filósofo: Não mudo nada do que eu disse. O mundo é simples e a vida também.

Jovem: Como assim? Qualquer um vê que o mundo é um caos cheio de contradições.

Filósofo: Mas isso não acontece porque o *mundo* é complicado. Acontece porque *você está transformando o mundo em algo complicado.*

Jovem: Estou?

Filósofo: Não vivemos em um mundo objetivo, mas em um mundo subjetivo ao qual damos sentido. O mundo que você vê é diferente daquele que eu vejo e impossível de compartilhar com qualquer pessoa.

Jovem: Como isso é possível? Você e eu estamos vivendo no mesmo país, na mesma época, e estamos vendo as mesmas coisas!

Filósofo: Sim, mas preste atenção: você já bebeu água que acabou de ser tirada do poço?

JOVEM: Sim. Faz muito tempo, havia um poço na casa da minha avó, no interior. Eu lembro que gostava de beber aquela água fresquinha nos dias quentes de verão.

FILÓSOFO: Você já deve saber que a água de poço permanece praticamente o ano inteiro na mesma temperatura, 18 graus. Mas quando você bebe a água no verão, ela parece fresca. Já quando bebe a água no inverno, parece morna. Embora seja a mesma água aos mesmos 18 graus que marca o termômetro, sua sensação varia de acordo com a estação do ano.

JOVEM: Isso é uma ilusão causada pela mudança da temperatura ambiente.

FILÓSOFO: Não, não é uma ilusão. Para *você*, naquele momento o frescor ou calor da água é um fato inegável. É isso que significa viver em um mundo subjetivo. A maneira como vemos as coisas é tudo. Neste momento, o mundo lhe parece um caos complicado e misterioso, mas, se você puder mudar seu modo de pensar, ele parecerá simples. Não se trata de como o mundo é, mas de como *você* é.

JOVEM: Como eu sou?

FILÓSOFO: Imagino que, para você, é tão natural enxergar o mundo através de óculos de sol que tudo acaba parecendo escuro. Se é isso, em vez de lamentar a escuridão do mundo, você poderia tirar os óculos. Talvez o mundo pareça terrivelmente brilhante e você acabe fechando os olhos sem querer, ou talvez queira colocar os óculos de volta... Mas será que consegue tirá-los, para começo de conversa? Consegue olhar direto para o mundo, sem filtro? Você tem essa coragem?

JOVEM: Coragem?

FILÓSOFO: Sim, é uma questão de coragem.

JOVEM: Humm... Tudo bem. Posso fazer um monte de ressalvas a isso, mas tenho a impressão de que é melhor deixar para depois. Por ora, prefiro confirmar: você está sugerindo que as pessoas podem mudar, é isso? Se eu posso mudar, o mundo mudará e voltará a ser simples.

FILÓSOFO: Claro que as pessoas podem mudar e, assim, encontrar a felicidade.

JOVEM: Todas as pessoas, sem exceção?

FILÓSOFO: Absolutamente nenhuma exceção. E todas podem encontrar a felicidade agora mesmo.

JOVEM: A conversa está ficando interessante. Já tenho muitos questionamentos para fazer.

FILÓSOFO: Não vou fugir nem esconder nada. Vamos discutir tudo com calma. Então você acredita que as pessoas não conseguem mudar?

JOVEM: Exatamente. Na verdade, eu mesmo sofro por não conseguir mudar.

FILÓSOFO: E, ao mesmo tempo, você gostaria de conseguir.

JOVEM: Claro. Se eu conseguisse mudar, se pudesse recomeçar minha vida, eu daria o braço a torcer e me ajoelharia aos seus pés com o maior prazer. Mas, no fim, talvez seja você quem acabe se ajoelhando diante de mim.

FILÓSOFO: Tudo bem. Nossa conversa vai ser ótima. Você me faz lembrar de mim mesmo na época de estudante, quando eu era um jovem audacioso em busca da verdade, percorrendo a cidade atrás de filósofos.

JOVEM: Sim, estou à procura da verdade... A verdade sobre a vida.

FILÓSOFO: Nunca senti necessidade de ter discípulos e nunca os tive. Porém, desde que me tornei um estudioso da filosofia grega e, mais tarde, entrei em contato com "outra filosofia", sinto que, no fundo, venho esperando há muito tempo pela visita de um jovem como você.

JOVEM: Outra filosofia? Qual?

FILÓSOFO: Bem, meu gabinete é logo ali. Entre. Será uma longa noite. Vou fazer um café.

SUMÁRIO

A PRIMEIRA NOITE

Negue o trauma

O JOVEM ENTROU NO GABINETE DO professor e sentou-se, relaxado, numa cadeira. Por que estava tão determinado a rejeitar as teorias do filósofo? Suas razões eram claras. Ele não tinha autoconfiança, situação que surgiu quando ainda era bem novo e foi se agravando devido aos sentimentos de inferioridade. Sentia vergonha de seu passado, de seu histórico acadêmico e de sua aparência física. Além de tudo, o jovem parecia incapaz de apreciar a felicidade alheia e vivia se lamentando. Para ele, as alegações do filósofo não passavam de fantasia.

O "TERCEIRO GIGANTE" DESCONHECIDO

JOVEM: Agora há pouco você falou em "outra filosofia", mas ouvi dizer que sua especialidade é a filosofia grega.

FILÓSOFO: Sim, a filosofia grega tem sido fundamental na minha vida desde a adolescência, sobretudo os grandes pensadores: Sócrates, Platão, Aristóteles. Atualmente estou traduzindo uma obra de Platão e espero passar o resto da vida estudando o pensamento grego clássico.

JOVEM: Então qual é a "outra filosofia"?

FILÓSOFO: É uma escola de psicologia criada pelo psiquiatra austríaco Alfred Adler no início do século XX. Costuma ser chamada de psicologia adleriana ou psicologia individual.

JOVEM: Nunca imaginei que um especialista em filosofia grega se interessasse por psicologia.

FILÓSOFO: Não conheço bem os caminhos percorridos por outras escolas, mas posso afirmar que a psicologia adleriana está completamente alinhada com a filosofia grega e que é um vasto campo de estudo.

JOVEM: Conheço um pouco da psicologia de Freud e Jung. É um campo fascinante.

FILÓSOFO: Sim, Freud e Jung são muito famosos. Adler foi um dos membros originais da Sociedade Psicanalítica de Viena, comandada por Freud. Suas ideias contrariavam as de Freud, por isso ele se separou do grupo e propôs uma "psicologia individual" baseada em suas teorias originais.

JOVEM: Então Adler foi discípulo de Freud?

FILÓSOFO: Não, não foi. Muita gente pensa isso, mas está errado. Precisamos desfazer essa ideia. Em primeiro lugar, Adler e Freud eram mais ou menos da mesma idade e estavam em pé de igualdade como pesquisadores. Quanto a isso, Adler foi bem diferente de Jung, que reverenciava Freud como uma figura paternal. Embora a psicologia costume ser associada apenas a Freud e Jung, Adler é reconhecido como um dos três gigantes nesse campo de estudos.

JOVEM: Entendi. Eu deveria ter estudado mais a respeito dele.

FILÓSOFO: É natural que não tenha ouvido falar em Adler. Como ele mesmo disse: "Pode chegar o tempo em que ninguém lembrará meu nome. As pessoas podem até esquecer que nossa escola chegou a existir." Mas ele não se importava. Com isso, queria dizer que, se suas teorias fossem esquecidas, seria porque suas ideias haviam superado os limites da área de estudos e se tornado comuns, uma sensação compartilhada por todos. Por exemplo, Dale Carnegie, que escreveu os best-sellers *Como fazer amigos e influenciar pessoas* e *Como parar de se preocupar e começar a viver*, referiu-se a Adler como "um grande psicólogo que dedicou a vida a pesquisar o ser humano e suas habilidades latentes". A influência de Adler está claramente presente em todos os textos de Carnegie. Grande parte do conteúdo de *Os 7 hábitos das pessoas altamente eficazes*, de Stephen Covey, lembra muito as ideias de Adler. Em outras palavras, em vez de ser uma área de estudos delimitada, a psicologia adleriana é aceita como um ponto culminante das verdades e do entendimento humano. No entanto, dizem que as ideias de Adler estavam 100 anos à frente de seu tempo, e até hoje não conseguimos compreendê-las plenamente, de tão revolucionárias que eram.

JOVEM: Então suas teorias não se desenvolveram apenas com base na filosofia grega, mas também na psicologia adleriana?

FILÓSOFO: Isso mesmo.

JOVEM: Tudo bem. Mas você é filósofo ou psicólogo?

FILÓSOFO: Sou filósofo, vivo a filosofia. Para mim, a psicologia adleriana é uma forma de pensamento alinhada com a filosofia grega, e isso é filosofia.

JOVEM: Certo. Vamos começar.

POR QUE AS PESSOAS PODEM MUDAR

JOVEM: Primeiro, vamos separar os pontos de discussão. Você diz que as pessoas podem mudar. Depois dá um passo à frente e diz que todos podem alcançar a felicidade.

FILÓSOFO: Sim, todos, sem exceção.

JOVEM: Vamos deixar a discussão sobre a felicidade para depois e falar primeiro sobre a mudança. Todos desejam poder mudar. Sei que eu desejo, e tenho certeza de que, se você perguntar isso a qualquer pessoa na rua, ela vai concordar. Mas por que todos sentem que querem mudar? Só há uma resposta: querem porque não conseguem. Se fosse fácil, não passariam tanto tempo desejando. É por isso que as pessoas são atraídas por religiões e cursos de autodesenvolvimento, mas não vemos ninguém dando conselhos práticos sobre como mudar. Estou errado?

FILÓSOFO: Vou responder com uma pergunta: por que você está tão certo de que as pessoas não conseguem mudar?

JOVEM: Vou explicar. Tenho um amigo que não sai do quarto há muitos anos. Ele tem vontade de sair e até acha que gostaria de ter um emprego. Portanto, ele quer mudar sua forma de ser. Digo isso como amigo dele. Garanto que é uma pessoa bem séria que poderia ser bastante útil à sociedade. Só que ele tem medo de sair do quarto. Se dá um único passo para fora, começa a ter palpitações, e sente os braços e as pernas tremerem. Acho que é uma espécie de neurose ou pânico. Ele quer mudar, mas não consegue.

FILÓSOFO: Por que acha que ele não consegue sair?

JOVEM: Não sei bem. Pode ser por causa do relacionamento com os pais ou porque sofreu bullying na escola. A partir daí pode ter desenvolvido um trauma. Mas também pode ser o inverso: talvez ele tenha sido mimado demais na infância e não consiga encarar a realidade. Eu não sei e não posso bisbilhotar o passado ou a situação familiar dele.

FILÓSOFO: Então você está dizendo que acontecimentos do passado causaram um trauma, ou algo parecido, e como resultado ele não consegue mais sair de casa.

JOVEM: Claro. Antes de um efeito existe uma causa. Isso não é nenhum mistério.

FILÓSOFO: Então talvez a causa de ele não conseguir mais sair na rua esteja no ambiente doméstico durante a infância. Ele sofreu violência dos pais e chegou à vida adulta sem nunca sentir amor. Por isso tem medo de interagir com as pessoas e não consegue sair na rua. É possível, não?

JOVEM: Sim, totalmente possível. Imagino que, para ele, seja um verdadeiro desafio.

FILÓSOFO: E aí você diz: "Antes de um efeito existe uma causa." Ou, em outras palavras, quem eu sou agora (o efeito) é determinado por ocorrências no passado (as causas). Estou entendendo certo?

JOVEM: Está.

Filósofo: Mas se o aqui e agora é produto de acontecimentos do passado, como você diz, a situação não seria estranha? Veja bem: todos os que foram vítimas de violência dos pais quando pequenos deveriam sofrer os mesmos efeitos que seu amigo e se tornar reclusos, ou então sua ideia de que o passado determina o presente e de que as causas controlam os efeitos está furada.

Jovem: Aonde exatamente você quer chegar?

Filósofo: Quando nos concentramos apenas nas causas do passado e tentamos explicar os fatos do presente com base na relação entre causa e efeito, o resultado é o que chamamos de "determinismo". Se isso é verdade, nosso presente e nosso futuro são inalteráveis, já foram decididos por acontecimentos do passado. Estou errado?

Jovem: Então você está dizendo que o passado não importa?

Filósofo: Sim, esse é o ponto de vista da psicologia adleriana.

Jovem: Entendo. Agora nossos pontos de conflito parecem um pouco mais claros. De acordo com a sua versão, meu amigo não teria motivo para não conseguir sair de casa, porque os incidentes do passado não importam. Sinto muito, mas isso não faz sentido. Tem que haver algum motivo para a reclusão. Tem que existir alguma explicação!

Filósofo: Mas não existe nenhuma explicação. Na psicologia adleriana, não pensamos em "causas" do passado, mas em "metas" do presente.

Jovem: Metas do presente?

Filósofo: Você diz que seu amigo está inseguro, por isso não consegue sair na rua. Mas inverta o pensamento: ele não quer sair, por isso está criando um estado de ansiedade.

Jovem: Como assim?

Filósofo: Reflita: antes de tudo, seu amigo tinha a meta de não sair na rua, por isso está criando um estado de ansiedade e medo como meio de alcançar essa meta. Na psicologia adleriana, isso se chama "teleologia".

Jovem: Isso é uma piada? Está dizendo que meu amigo está imaginando tudo isso? Como você tem a audácia de dizer que ele simplesmente finge estar doente?

Filósofo: Ele não está fingindo. A ansiedade e o medo de seu amigo são reais. Às vezes, ele pode até sofrer de enxaqueca e cólicas estomacais violentas. Mas esses também são sintomas que ele criou para alcançar a meta de não sair de casa.

Jovem: Isso não é verdade! De jeito nenhum! É um absurdo!

Filósofo: Não. Esta é a diferença entre a etiologia (o estudo das causas) e a teleologia (o estudo do propósito de determinado fenômeno, em vez de suas causas). Tudo o que você me contou se baseia na etiologia. Enquanto permanecermos presos às supostas causas, não daremos nenhum passo à frente.

O TRAUMA NÃO EXISTE

JOVEM: Se você vai fazer afirmações tão radicais, vou querer uma explicação minuciosa. Para começar, explique melhor a diferença entre etiologia e teleologia.

FILÓSOFO: Vamos supor que você tenha pego um resfriado, esteja com febre alta e vá ao médico. Ele diz que você se resfriou porque ontem saiu sem se agasalhar. Você ficaria satisfeito com isso?

JOVEM: Claro que não. O motivo não me interessaria... Tanto faz a roupa que eu estava vestindo, se estava chovendo, etc. Eu iria querer saber dos sintomas, do fato de estar com febre e por aí vai. Preciso que o médico me trate prescrevendo remédios, dando injeções ou tomando quaisquer medidas necessárias.

FILÓSOFO: Aqueles que assumem uma posição etiológica – inclusive muitos psicólogos e psiquiatras – argumentariam que você está sofrendo de algo que é resultado de tal e tal causa no passado, e acabariam consolando você, dizendo: "Não é culpa sua." O argumento em torno dos chamados traumas é típico da etiologia.

JOVEM: Espere aí! Você está negando a existência do trauma?

FILÓSOFO: Sim, estou. Totalmente.

JOVEM: Como pode? Você, ou melhor, Adler não é uma autoridade em psicologia?

FILÓSOFO: Na psicologia adleriana, o trauma é categoricamente negado. Este foi um ponto de vista novo e revolucionário para a época. É claro que a visão freudiana do trauma é fascinante. Segundo ela, as feridas psíquicas (traumas) causam a infelicidade. Enxergando a vida como uma narrativa, é fácil se deixar atrair pela noção de que há uma relação de causalidade facilmente compreensível e uma sensação de evolução dramática que cria fortes impressões. Mas Adler nega o trauma e afirma o seguinte: "Nenhuma experiência é, em si, a causa de nosso sucesso ou fracasso. Nós não sofremos do choque de nossas experiências – o chamado trauma –, mas o transformamos em algo que atende aos nossos propósitos. Não somos determinados por nossas experiências, mas o sentido que damos a elas é autodeterminante."

JOVEM: Nós transformamos a experiência em algo que atende aos nossos propósitos?

FILÓSOFO: Exato. Preste atenção no argumento de Adler aqui. Ele diz que o eu não é determinado por nossas experiências, mas pelo *sentido que damos a elas.* Ele não está dizendo que a experiência de uma terrível calamidade ou violência durante a infância – ou outros incidentes do gênero – não tem influência na formação da personalidade. Na verdade, a influência é forte. Mas o importante é que nada é determinado de fato por essas influências. Somos nós que determinamos nossa vida de acordo com o sentido que damos às experiências passadas. Sua vida não é algo que alguém dá a você, mas algo que você próprio escolhe, e é você quem decide como viver.

JOVEM: Então está dizendo que meu amigo se trancou no quarto porque optou por viver dessa forma? Isso é uma loucura! Acredite, não é isso que ele quer. No mínimo, é algo que ele foi forçado a escolher devido às circunstâncias. Ele não teve opção além de se tornar quem é agora.

Filósofo: Não. Mesmo que seu amigo realmente pense *Não consigo me encaixar na sociedade porque sofri violência dos meus pais*, ainda é porque a *meta* dele é pensar assim.

Jovem: Que tipo de meta é essa?

Filósofo: A meta imediata seria provavelmente a de "não sair na rua". Ele está criando a ansiedade e o medo para ficar em casa.

Jovem: Mas por que ele não quer sair na rua? Essa é a questão.

Filósofo: Bem, pense na situação do ponto de vista dos pais. Como você se sentiria se seu filho ficasse trancado no quarto?

Jovem: Eu me preocuparia, é claro. Iria querer ajudá-lo a voltar à sociedade. Iria querer que melhorasse e me perguntaria se o criei de forma errada. Faria de tudo para ajudá-lo a voltar à vida normal.

Filósofo: É *aí* que está o problema.

Jovem: Onde?

Filósofo: Se eu fico no quarto o tempo todo, meus pais vão se preocupar. Com isso, consigo atrair a atenção deles. Os dois vão ficar extremamente cautelosos comigo e sempre me tratarão com todo o cuidado. Por outro lado, se eu ponho o pé fora de casa, passo a fazer parte da multidão anônima à qual ninguém presta atenção. Estarei cercado de gente que não conheço e acabarei sendo uma pessoa comum. E ninguém mais terá cuidados especiais comigo... Histórias de indivíduos reclusos são bastante comuns.

Jovem: Nesse caso, seguindo sua linha de raciocínio, meu amigo atingiu sua meta e está satisfeito com a situação atual?

Filósofo: Duvido que esteja satisfeito e tenho certeza de que não está feliz. Mas não resta dúvida de que está agindo de acordo com sua meta. Não é só seu amigo que faz isso. Cada um de nós está vivendo de acordo com alguma meta. É o que diz a teleologia.

Jovem: Impossível. Sua afirmação é completamente inaceitável. Veja bem, meu amigo é...

Filósofo: Escute: esta discussão não vai levar a lugar nenhum se ficarmos conversando apenas sobre seu amigo. Vai virar um julgamento à revelia, e isso seria inútil. Vamos pegar outro exemplo.

Jovem: Que tal uma história sobre algo que me aconteceu ontem?

Filósofo: Ah! Nesse caso, sou todo ouvidos.

AS PESSOAS CRIAM A PRÓPRIA RAIVA

Jovem: Ontem à tarde, eu estava lendo um livro numa cafeteria e um garçom passou por mim e derramou café na minha jaqueta. Eu tinha acabado de comprá-la. Não consegui evitar: perdi a cabeça e berrei com ele. Não sou o tipo de pessoa que fala alto em locais públicos, mas naquele momento todos ali ouviram meus gritos, porque tive um acesso de raiva e não sabia o que estava fazendo. O que acha? Em algum lugar desta situação existe uma meta envolvida? Qualquer que seja seu ponto de vista, meu comportamento não foi gerado por uma causa?

Filósofo: Você foi levado pela emoção e acabou perdendo a cabeça. Embora costume ser gentil, não resistiu e sentiu raiva. Você não conseguiu se controlar. É isto que está dizendo?

Jovem: É, aconteceu de uma hora para outra. As palavras simplesmente jorraram da minha boca antes que eu tivesse tempo de pensar.

Filósofo: Então suponha que você tivesse levado uma faca e, ao explodir, perdesse o controle e esfaqueasse o garçom. Você continuaria podendo justificar seu ato dizendo "Não consegui me controlar"?

Jovem: Espere aí, este é um argumento extremo!

FILÓSOFO: Não é um argumento extremo. Se levarmos seu raciocínio adiante, qualquer delito cometido com raiva pode ser atribuído à raiva e deixará de ser responsabilidade da pessoa porque, essencialmente, você está dizendo que as pessoas não conseguem controlar suas emoções.

JOVEM: Como você explica minha raiva, então?

FILÓSOFO: É fácil. Você não teve um acesso de raiva e *depois* começou a berrar. Simplesmente ficou zangado *para* poder berrar. Em outras palavras, para alcançar a meta de gritar, você criou a emoção da raiva.

JOVEM: Como assim?

FILÓSOFO: A meta de berrar nasceu antes de qualquer outra coisa. Quer dizer, ao gritar, você queria que o garçom se submetesse a você e ouvisse o que tinha a dizer. Para isso, criou a raiva.

JOVEM: Eu criei? Você está de brincadeira!

FILÓSOFO: Então por que elevou a voz?

JOVEM: Eu já disse: perdi o controle. Fiquei muito chateado.

FILÓSOFO: Não. Você poderia ter esclarecido as coisas sem elevar a voz, e o garçom provavelmente pediria desculpas sinceras, limparia sua jaqueta com um pano limpo e tomaria as providências necessárias. Em algum ponto da sua mente, você estava prevendo que ele poderia fazer isso, mas, mesmo assim, berrou. O procedimento de explicar os fatos de maneira racional pareceu muito trabalhoso, então você tentou se livrar dele e fazer aquela pessoa que não opôs nenhuma resistência se submeter a você. A ferramenta que usou para isso foi a raiva.

JOVEM: Negativo. Você não me engana. Então eu criei a raiva para ele se submeter a mim? Eu juro que nem por um segundo sequer parei para pensar numa coisa dessas. Eu não refleti e depois fiquei irritado. A raiva é uma emoção impulsiva.

FILÓSOFO: Tem razão, a raiva é uma emoção instantânea. Mas agora escute a história que eu vou lhe contar. Certo dia, mãe e filha estavam discutindo aos berros. De repente, o telefone tocou. A mãe pegou o fone às pressas e, com a voz ainda carregada de raiva, disparou: "Alô?" Do outro lado da linha estava o professor do colégio da filha. Assim que a mãe percebeu, mudou a maneira de falar e ficou bem-educada. Nos cinco minutos seguintes, conduziu a conversa com o melhor tom de voz possível. Quando desligou, sua expressão mudou imediatamente e ela voltou a gritar com a filha.

JOVEM: Bem, não é uma história tão incomum.

FILÓSOFO: Percebeu? Em suma, a raiva é uma ferramenta que pode ser empregada na medida do necessário. Pode ser posta de lado no momento em que o telefone toca e reutilizada depois que a pessoa desliga. A mãe não está berrando com uma raiva incontrolável, apenas usando a raiva para dominar a filha, falando mais alto, e, assim, impor suas opiniões.

JOVEM: Então a raiva é um meio de alcançar uma meta?

FILÓSOFO: É o que diz a teleologia.

JOVEM: Ah, entendi. Sob essa máscara gentil, você é um niilista! Não importa se estamos falando da raiva ou do meu amigo recluso: todas as suas observações estão carregadas de desconfiança em relação ao ser humano!

COMO VIVER SEM SER CONTROLADO PELO PASSADO

FILÓSOFO: Em que sentido estou sendo niilista?

JOVEM: Pense bem. Você está simplesmente negando a emoção humana, dizendo que as emoções nada mais são que ferramentas, simples meios para alcançar metas. Mas, se você nega a emoção, está sustentando uma visão que tenta negar nossa humanidade também. Porque nossa emoção e o fato de sermos dominados por todos os tipos de sentimentos são o que nos torna humanos. Se negamos as emoções, nos reduziremos a simples máquinas em versões inferiores. Se isso não é niilismo, o que é?

FILÓSOFO: Eu não estou negando que a emoção exista. Todos nós temos emoções. Ninguém pode negar. Mas, se você me diz que as pessoas são incapazes de resistir ao apelo delas, eu contesto. A psicologia adleriana é uma filosofia diametralmente oposta ao niilismo. Nesse sentido, embora ela mostre que "as pessoas não são controladas pelas emoções", também mostra que "não somos controlados pelo passado".

JOVEM: Quer dizer que as pessoas não são controladas nem pela emoção nem pelo passado?

FILÓSOFO: Vamos inventar um personagem cujos pais se divorciaram no passado. Isso é algo tão objetivo quanto a água do poço que está sempre a 18 graus, certo? Mas esse divórcio parece frio ou quente? Ora, isso é uma questão subjetiva, do "agora", que independe do que possa ter acontecido no passado. É o sentido atribuído ao fato que determina como será o presente de alguém.

JOVEM: Então a questão não é "o que aconteceu", mas "como foi resolvido".

FILÓSOFO: Exato. Não podemos retornar ao passado em uma máquina do tempo. Não podemos voltar os ponteiros do relógio. Se você se fixar na etiologia, permanecerá preso no passado e nunca conseguirá encontrar a felicidade.

JOVEM: Concordo que não podemos mudar o passado, e exatamente por isso a vida é tão difícil.

FILÓSOFO: A vida não é apenas difícil. Se o passado determinasse tudo, não seríamos capazes de dar passos significativos. Qual seria o resultado? Um tipo de niilismo e pessimismo que mata qualquer esperança no mundo e faz desistir da vida. A etiologia freudiana, tipificada pelo argumento do trauma, é uma forma diferente de determinismo e é o caminho para o niilismo. Você vai aceitar valores como esses?

JOVEM: Não quero aceitar, mas o passado é tão poderoso...

FILÓSOFO: Pense nas possibilidades. Se você supõe que as pessoas são capazes de mudar, um conjunto de valores baseados na etiologia se torna insustentável, e você é compelido a assumir a teleologia como algo normal.

JOVEM: Então devemos sempre partir da premissa de que as pessoas são capazes de mudar?

FILÓSOFO: Claro. E, por favor, entenda: é a etiologia freudiana que nega o livre-arbítrio e trata os humanos como máquinas.

O jovem parou e examinou o gabinete do filósofo. Estantes do chão ao teto cobriam as paredes e, numa mesinha de madeira, havia uma caneta-tinteiro e o que parecia ser um manuscrito ainda não finalizado. "As pessoas não são impelidas por causas do passado, mas avançam para cumprir metas que elas próprias fixam": esta era a alegação do filósofo. A teleologia que ele defendia derrubava as bases da psicologia fundamentada na causalidade, e o jovem considerou a ideia inaceitável. Assim, a partir de qual ponto de vista deveria começar a argumentar? Ele respirou fundo.

SÓCRATES E ADLER

Jovem: Tudo bem. Deixe eu lhe contar uma história de outro amigo meu, que vou chamar de Y. Ele tem uma personalidade marcante e conversa facilmente com qualquer um. Todos o adoram, e as pessoas sorriem quando ele está por perto. Já eu sou meio esquisito e sempre tive dificuldade nas interações sociais. Você afirma que, pela teleologia de Adler, as pessoas podem mudar, certo?

Filósofo: Sim. Qualquer um pode mudar.

Jovem: Então acha que posso me tornar alguém como Y? Do fundo do coração, eu gostaria de poder ser como ele.

Filósofo: Devo dizer que isso está fora de questão.

Jovem: Arrá! Agora você está mostrando sua verdadeira posição! Vai desmentir sua teoria?

Filósofo: Não, não vou. Infelizmente, você ainda tem pouquíssima compreensão da psicologia adleriana. O primeiro passo para a mudança é o conhecimento.

Jovem: Então, se eu conseguir entender um pouquinho que seja a respeito do pensamento de Adler, vou poder me tornar uma pessoa como Y?

Filósofo: Por que essa pressa para obter as respostas? Você

deveria chegar a elas por si mesmo, e não depender do que pode obter de outra pessoa. As respostas dos outros não passam de quebra-galhos, não têm qualquer valor. Veja Sócrates, que não deixou nenhum livro escrito. Ele passou a vida em debates públicos com os cidadãos de Atenas – especialmente os jovens –, e foi seu discípulo Platão quem organizou sua filosofia em textos para as gerações futuras. Adler também mostrou pouco interesse pelas atividades literárias, preferindo manter diálogos pessoais nos cafés de Viena e pequenos grupos de discussão. Sem dúvida, não foi um intelectual de gabinete.

JOVEM: Então tanto Sócrates como Adler transmitiram suas ideias por meio de diálogos?

FILÓSOFO: Isso mesmo. Todas as suas dúvidas serão dissipadas durante a nossa conversa e você começará a mudar. Não por causa das minhas palavras, mas por vontade própria. Não quero privá-lo do valioso processo de chegar às respostas pelo diálogo.

JOVEM: Você está querendo dizer que vamos tentar reproduzir o tipo de diálogo utilizado por Sócrates e Adler?

FILÓSOFO: Não está bom para você?

JOVEM: Isso é o que espero descobrir! Vamos avançar o máximo possível, até você desistir da sua teoria ou eu dar o braço a torcer.

VOCÊ ESTÁ BEM DO JEITO QUE ESTÁ?

FILÓSOFO: Ok, voltando à sua pergunta: você gostaria de ser mais animado, como Y, certo?

JOVEM: Mas você acabou de rejeitar essa possibilidade, disse que estava fora de cogitação. Bem, acho que é assim que as coisas são. Na verdade, eu só disse isso para desafiar você... Eu me conheço bem. Jamais conseguiria ser como ele.

FILÓSOFO: Por quê?

JOVEM: É óbvio. Porque temos personalidades diferentes, ou, como acho que você diria, "disposições diferentes".

FILÓSOFO: Humm...

JOVEM: Você, por exemplo, vive cercado por todos esses livros. Lê um livro novo e adquire conhecimentos novos. Basicamente, vive acumulando conhecimentos. Quanto mais lê, mais sabe. Você acha que novos conceitos são valiosos e tem a impressão de que eles mudam você. Olhe, sinto muito lhe dizer isto, mas, por mais conhecimentos que adquira, seu temperamento e sua personalidade permanecerão os mesmos. Se sua base for distorcida, tudo o que você aprendeu será inútil. Todos os conhecimentos que adquiriu desmoronarão à sua volta, e você descobrirá que voltou à estaca zero. O mesmo vale para as ideias de Adler. Por mais que eu aprenda sobre elas, minha personalidade continuará igual. Conhecimentos apenas se acumulam como conhecimentos, até serem descartados ou esquecidos, mais cedo ou mais tarde.

FILÓSOFO: Então, deixe-me fazer uma pergunta: por que você acha que quer ser como Y? Suponho que você só queira ser diferente, seja Y ou outra pessoa. Mas qual é o objetivo?

JOVEM: Você está falando sobre metas de novo? Como eu já disse, admiro meu amigo e acho que seria mais feliz se fosse como ele.

FILÓSOFO: Você acha que seria mais feliz se fosse como ele. O que significa que não está feliz agora, certo?

JOVEM: Quê?

FILÓSOFO: Neste exato momento, você é incapaz de se sentir feliz de verdade. Isso porque não aprendeu a amar a si mesmo. E, para tentar amar a si mesmo, deseja renascer como uma pessoa diferente. Você espera ser como Y e descartar quem você é agora. Certo?

JOVEM: Sim, acho que você está certo. Vamos encarar os fatos: eu me odeio! Eu sou alguém que está perdendo tempo com esse discurso filosófico ultrapassado e não consegue deixar de fazer esse tipo de coisa... Sim, eu realmente me odeio.

FILÓSOFO: É normal. Se você perguntasse às pessoas que dizem gostar de si mesmas, dificilmente alguma delas estufaria o peito com orgulho e diria: "Sim, eu realmente gosto de mim."

JOVEM: E você? Gosta de si mesmo?

FILÓSOFO: No mínimo, acho que não gostaria de ser uma pessoa diferente e aceito ser quem sou.

JOVEM: Você aceita ser quem é?

FILÓSOFO: Veja bem, por mais que você queira ser Y, não conseguirá renascer como ele. Você não é Y. E não existe mal algum em você ser você. Não estou dizendo que está certo você ser "exatamente do jeito que é". Se você não consegue se sentir feliz, é claro que as coisas não estão bem do jeito atual. Você precisa dar um passo à frente, depois outro e não parar mais.

JOVEM: É uma forma cruel de dizer isso, mas entendi. É claro que não estou bem do jeito que sou. Preciso progredir.

FILÓSOFO: Citando Adler novamente: "O importante não é aquilo com que nascemos, mas o uso que fazemos desse equipamento." Você quer ser Y ou outra pessoa porque está totalmente concentrado no equipamento com o qual nasceu. Em vez disso, deveria se concentrar no que é capaz de fazer com ele.

A INFELICIDADE É ALGO QUE VOCÊ ESCOLHE PARA SI

JOVEM: De jeito nenhum. Isso é um absurdo.

FILÓSOFO: Por quê?

JOVEM: Porque algumas pessoas nascem em berço de ouro, têm bons pais, e outras nascem pobres e têm pais ruins. O mundo é assim. Não estou com a menor vontade de tocar neste tipo de assunto, mas não existe igualdade no mundo, e as diferenças entre cor de pele, sexo e nacionalidade têm mais importância do que nunca. É natural se concentrar naquilo com que você nasceu, e toda essa sua conversa é apenas teoria acadêmica. Você está ignorando o mundo real!

FILÓSOFO: É você quem está ignorando a realidade. Por acaso consegue mudar a realidade quando se fixa naquilo com que nasceu? Não somos máquinas substituíveis. Não precisamos de substituição, mas de renovação.

JOVEM: Para mim, substituição e renovação são a mesma coisa. Você está evitando o ponto principal. Existe uma infelicidade que vem de nascença. Antes de tudo, você precisa reconhecer isso.

FILÓSOFO: Não vou reconhecer isso.

JOVEM: Por quê?

FILÓSOFO: Em primeiro lugar, neste momento você é incapaz de se sentir verdadeiramente feliz. Você acha a vida difícil e até gostaria de poder renascer como uma pessoa diferente. Mas está infeliz agora porque optou por "ser infeliz", não por ter nascido com azar.

JOVEM: Eu optei por ser infeliz? Como posso aceitar isso?

FILÓSOFO: Não há nada de extraordinário nesse conceito. Ele vem sendo repetido desde a Antiguidade clássica. Você já ouviu a frase "Ninguém faz o mal voluntariamente"? Essa é uma afirmação conhecida como paradoxo socrático.

JOVEM: Mas não faltam pessoas que fazem o mal de propósito, não é? Existe um monte de ladrões e assassinos, isso sem contar todos os políticos e as autoridades com suas negociatas. Talvez seja mais difícil encontrar uma pessoa realmente boa que não deseje o mal.

FILÓSOFO: Sem dúvida, não faltam comportamentos maus. Mas ninguém, nem mesmo o pior bandido, se envolve no crime apenas pelo desejo de se envolver em atos cruéis. Todo malfeitor tem uma justificativa interna para se envolver no crime. Uma briga por dinheiro leva alguém a cometer um assassinato, por exemplo. Para o criminoso, existe uma justificativa que pode ser enunciada como a realização do "bem". Claro que, nesse caso, não se trata do bem no sentido moral, mas do bem no sentido de ser "benéfico para a própria pessoa".

JOVEM: "Benéfico para a própria pessoa"?

FILÓSOFO: A palavra grega que designa "bem" (*agathon*) não tem significado moral. Significa apenas "benéfico". A palavra que designa "mal" (*kakon*) significa "não benéfico". Nosso mundo está cheio de todo tipo de injustiças e maldades, mas não existe ninguém que deseje o mal no sentido mais puro da palavra, que é "não benéfico" para ninguém.

JOVEM: O que isso tem a ver comigo?

FILÓSOFO: Em algum estágio da sua vida, você optou por "ser infeliz". Não foi porque nasceu em circunstâncias infelizes ou foi parar numa situação infeliz. Isso aconteceu porque você achou "ser infeliz" uma coisa boa.

JOVEM: Por quê? Para quê?

FILÓSOFO: Por que optou por ser infeliz? Não tenho como saber a resposta. Talvez isso fique mais claro à medida que debatermos.

JOVEM: Você está se esforçando para me fazer de bobo, não é? Isso não tem nada a ver com filosofia! Não aceito isso de jeito nenhum.

Em um movimento involuntário, o jovem se levantou e encarou o filósofo com um olhar furioso. *Optei por uma vida infeliz porque foi bom para mim? Que ideia absurda! Por que ele está querendo me ridicularizar? O que eu fiz de errado? Vou acabar com esse argumento, custe o que custar. Vou fazê-lo se ajoelhar diante de mim.* O rosto do jovem corou de raiva.

AS PESSOAS SEMPRE OPTAM POR NÃO MUDAR

FILÓSOFO: Sente-se. É natural que haja divergências entre os nossos pontos de vista. Agora deixe-me dar uma explicação simples sobre como a psicologia adleriana entende o ser humano.

JOVEM: Tudo bem, mas seja breve, por favor.

FILÓSOFO: Você disse que é impossível mudar o temperamento ou a personalidade de qualquer pessoa. Na psicologia adleriana, usamos a expressão "estilo de vida" para descrever a personalidade e o temperamento.

JOVEM: Estilo de vida?

FILÓSOFO: Sim. Estilo de vida são nossas tendências de pensamento e ação.

JOVEM: Pode ser mais específico?

FILÓSOFO: Claro. O estilo de vida reflete como a pessoa enxerga o mundo. E como enxerga a si própria. Pense no estilo de vida como um conceito que reúne formas de encontrar sentido. Estritamente falando, o estilo de vida poderia ser definido como a personalidade de alguém. De um modo mais amplo, é uma expressão que abrange a visão de mundo e a perspectiva de vida de alguém.

JOVEM: Mas o que isso significa?

FILÓSOFO: Digamos que alguém esteja preocupado consigo mesmo e diga: "Sou um pessimista." Essa mesma pessoa poderia reformular a frase e dizer: "Tenho uma visão de mundo pessimista." Você pode considerar que a questão aí não é a personalidade, mas a visão de mundo. Parece que a palavra "personalidade" sugere algo imutável. Por outro lado, é possível alterar uma visão de mundo.

JOVEM: Isso é meio confuso. Quando você fala de estilo de vida, se refere a um "modo de viver"?

FILÓSOFO: Sim, você pode se referir a isso dessa maneira. Para ser mais preciso, é "a forma como nossa vida deveria ser". Provavelmente, você acredita que o temperamento ou a personalidade seja algo inato, que nasceu com você, sem qualquer ligação com sua vontade, mas na psicologia adleriana considera-se estilo de vida tudo aquilo que você escolhe para si.

JOVEM: Então eu escolho meu estilo de vida?

FILÓSOFO: Exatamente.

JOVEM: Certo. Quer dizer que, além de ter optado por ser infeliz, escolhi minha personalidade esquisita?

FILÓSOFO: Sim.

JOVEM: Agora você está exagerando. Desde que eu me entendo por gente já tinha esta personalidade. Não guardo nenhuma lembrança de ter feito uma escolha. Ser capaz de escolher a própria personalidade... Parece que você está falando de robôs, não de gente.

FILÓSOFO: Claro que você não escolheu conscientemente "este tipo de eu". Provavelmente, sua primeira escolha foi inconsciente, combinada com fatores externos aos quais você se referiu, ou seja, tom de pele, nacionalidade, cultura e ambiente familiar. Sem dúvida, esses fatores tiveram uma forte influência na sua escolha. Mesmo assim, foi você quem escolheu.

JOVEM: Como é possível eu ter feito essa escolha?

FILÓSOFO: Segundo a psicologia adleriana, isso acontece lá pelos 10 anos de idade.

JOVEM: Bem, para fins de argumentação – e agora vou mesmo correr o risco –, digamos que, aos 10 anos, inconscientemente, eu tenha feito esta opção de estilo de vida, ou algo assim. Que importância tem isso? Você pode chamar de personalidade, temperamento ou estilo de vida, mas, seja qual for o nome, nessa época eu já tinha me tornado "este tipo de eu".

FILÓSOFO: Não é verdade. Se você não nasceu com um estilo de vida, mas o escolheu já um pouco mais velho, deve ser possível escolher outro.

JOVEM: Está dizendo que posso escolher outro?

FILÓSOFO: Talvez você não tenha estado consciente de seu estilo de vida até agora, ou talvez não tenha estado consciente do próprio conceito de estilo de vida. Claro que ninguém consegue escolher as circunstâncias do próprio nascimento. Você não escolheu ter nascido neste país, nesta época e ter estes pais. E tudo isso tem uma enorme influência no seu jeito de ser. Mas agora você já aprendeu sobre seu estilo de vida, e o que fará com ele daqui para a frente é responsabilidade sua. Cabe a você continuar escolhendo se quer manter o estilo de vida que teve até agora ou mudar para outro totalmente diferente.

JOVEM: Então como eu faço para escolher de novo? Você está dizendo que eu escolhi este estilo de vida e que, se quiser, posso simplesmente optar por outro. Mas a questão é que não existe a menor chance de eu conseguir mudar de uma hora para outra!

FILÓSOFO: Sim, você *consegue*. As pessoas são capazes de mudar a qualquer momento, não importa o ambiente onde estejam. Você só se sente incapaz de mudar porque está tomando a decisão de não mudar.

JOVEM: O que você quer dizer com isso?

FILÓSOFO: As pessoas vivem escolhendo seus estilos de vida. Neste exato momento, enquanto estamos tendo esta conversa, selecionamos os nossos. Você se considera uma pessoa infeliz. Diz que quer mudar agora mesmo. Chega a afirmar que deseja renascer como outra pessoa. Depois de tudo isso, por que continua incapaz de mudar? É porque tomou a decisão de não mudar seu estilo de vida e está persistindo nela.

JOVEM: Você não vê que isso não tem a menor lógica? Eu quero mudar, meu desejo é sincero. Então, como poderia tomar a decisão de não mudar?

FILÓSOFO: Embora seu estilo de vida atual tenha algumas inconveniências e limitações, você provavelmente o considera prático e acha mais fácil deixar as coisas como estão. Na inércia, pode usar sua experiência para reagir de maneira correta aos eventos à medida que ocorrem e prever os resultados de suas ações. É como dirigir seu carro velho, com o qual está familiarizado. Ele pode chacoalhar um pouco, mas dá para conviver com isso e guiá-lo sem dificuldade. Por outro lado, quando alguém escolhe um novo estilo de vida, não é capaz de prever o que pode acontecer com seu novo eu nem tem qualquer ideia de como lidar com os eventos que surgirão. Fica difícil prever o futuro, e sua vida será carregada de ansiedade, talvez até passe a ser mais dolorosa e infeliz. Resumindo, as pessoas têm queixas e mais queixas, porém é mais fácil e mais seguro continuarem do jeito que estão. Mesmo que se sintam insatisfeitas.

JOVEM: Então você está dizendo que as pessoas querem mudar, mas têm medo da mudança?

FILÓSOFO: Quando tentamos mudar de estilo de vida, colocamos nossa coragem à prova. A mudança gera ansiedade e a inércia causa desapontamento. Tenho certeza de que você preferiu a segunda opção.

JOVEM: Espere... Por que você usou a palavra "coragem"?

FILÓSOFO: A psicologia adleriana é uma psicologia da coragem. Sua infelicidade não pode ser atribuída ao seu passado ou ao ambiente atual. Podemos dizer que lhe falta coragem de ser feliz.

SUA VIDA É DECIDIDA AQUI E AGORA

JOVEM: Coragem de ser feliz?

FILÓSOFO: Precisa de mais explicações?

JOVEM: Agora tudo está ainda mais confuso. Primeiro, você me diz que o mundo é um lugar simples. Que só parece complicado por minha causa e que minha visão subjetiva é a responsável por isso. E mais: afirma que a vida só parece complicada porque eu a complico, e tudo isso torna difícil que eu viva feliz. Aí você diz que, em oposição à etiologia freudiana, é preciso adotar a visão da teleologia, que diz que não devemos procurar causas no passado e que devemos negar o trauma. Você diz que as pessoas agem para alcançar determinada meta em vez de serem criaturas movidas por causas que têm raízes no passado. Certo?

FILÓSOFO: Certo.

JOVEM: Além disso, como principal premissa da teleologia, você diz que as pessoas são capazes de mudar e escolhem seus estilos de vida a todo momento.

FILÓSOFO: Certo.

JOVEM: Então sou incapaz de mudar porque vivo tomando a decisão de não mudar. Não tenho coragem suficiente para escolher um novo estilo de vida. Em outras palavras, não tenho coragem para ser feliz e por isso sou infeliz. Entendi algo errado?

FILÓSOFO: Não, tudo certo.

JOVEM: Tudo bem. Nesse caso, minha pergunta é: que providências práticas devo tomar? De que preciso para mudar minha vida? Você ainda não explicou isso.

FILÓSOFO: Tem razão. O que você deve fazer agora é tomar a decisão de interromper seu estilo de vida atual. Por exemplo, você disse: "Se eu pudesse ser como Y, seria feliz." Enquanto viver assim, nos domínios da possibilidade, de "se tal e tal acontecessem", você nunca será capaz de mudar. Porque dizer "se eu pudesse ser como Y" é uma desculpa que você dá a si mesmo por não mudar.

JOVEM: Uma desculpa por não mudar?

FILÓSOFO: Sim. Tenho um jovem amigo que sonha se tornar escritor, mas parece que nunca consegue completar seu livro. Segundo ele, seu emprego o deixa muito ocupado, e ele não acha tempo para escrever o romance, completar a obra e inscrevê-la em concursos literários. Mas será que esta é a verdadeira razão? Não! Na verdade, ele quer deixar em aberto a possibilidade do "posso fazer se tentar" e continuar sem se comprometer com nada. Não quer expor sua obra à crítica e, com certeza, não deseja encarar a realidade de que talvez produza um texto de baixa qualidade e precise enfrentar a rejeição. Ele quer viver dentro do domínio das possibilidades, tendo a oportunidade de dizer que poderia terminar o livro se sobrasse um tempinho, ou que poderia escrever se tivesse as condições apropriadas, e que tem talento de sobra para isso. Daqui a mais cinco ou 10 anos, provavelmente vai começar a usar outras desculpas, como "Não tenho mais idade para isso", ou "Agora preciso cuidar da minha família".

JOVEM: Entendo perfeitamente como ele deve se sentir.

FILÓSOFO: Ele deveria simplesmente terminar o romance, inscrevê-lo num concurso e, se for rejeitado, tudo bem. Caso isso acontecesse, poderia melhorá-lo ou descobrir que deveria tentar algo diferente. Em ambos os casos, poderia ir em frente. Nisso consiste mudar seu estilo de vida atual. Se ele nunca submeter o original, não chegará a lugar algum.

JOVEM: Mas, ao fazer isso, talvez seu sonho seja arruinado.

FILÓSOFO: Bem, tenho minhas dúvidas. Imagino que a vida de alguém não seja nada boa se ela precisa cumprir tarefas simples – coisas que deveriam ser feitas –, mas vive inventando motivos para não conseguir realizá-las, não acha? No caso do meu amigo que sonha se tornar romancista, é claramente o "eu" que está complicando a vida, dificultando uma existência feliz.

JOVEM: Mas... isso é cruel. Sua filosofia é dura demais!

FILÓSOFO: De fato, é um remédio amargo.

JOVEM: Concordo.

FILÓSOFO: Mas, se você mudar seu estilo de vida – o modo de dar sentido ao mundo e a si mesmo –, tanto sua maneira de interagir com o mundo quanto seu comportamento terão que mudar. Não se esqueça deste fato: é preciso mudar. Você, do jeito que é, precisa escolher seu estilo de vida. Pode parecer difícil, mas é realmente bem simples.

JOVEM: Para você, o trauma é algo que não existe, e o ambiente ao nosso redor também não tem a menor importância. Tudo não passa de obstáculos, e minha infelicidade é culpa minha, certo? Começo a sentir que estou sendo criticado por tudo o que já fui e fiz!

FILÓSOFO: Não, você não está sendo criticado. Pelo contrário: segundo a teleologia de Adler, "O que aconteceu em sua vida até este ponto não tem importância e não deve afetá-la daqui para a frente". É você, vivendo no aqui e agora, quem determina sua vida.

JOVEM: Minha vida é determinada neste exato momento?

FILÓSOFO: Sim, porque o passado não existe.

JOVEM: Tudo bem. Olhe, não concordo cem por cento com suas teorias. Encontrei muitos pontos que não me convencem e que eu refutaria. Ao mesmo tempo, suas teorias valem um exame adicional, e estou muito interessado em aprender mais sobre a psicologia adleriana. Acho que já ouvi o suficiente esta noite, mas espero que não se importe que eu volte semana que vem. Parece que minha cabeça vai explodir se eu não fizer uma pausa.

FILÓSOFO: Tenho certeza de que você precisa de um tempo sozinho para refletir sobre o assunto. Estou sempre aqui, portanto pode me visitar quando quiser. Gostei de hoje. Obrigado. Vamos conversar de novo.

JOVEM: Ótimo! Uma última coisa, se me permite: nossa discussão foi longa e ficou bastante intensa, e acho que falei de um jeito meio rude. Peço desculpas.

FILÓSOFO: Não se preocupe com isso. Você deveria ler os diálogos de Platão. O comportamento e a linguagem dos discípulos de Sócrates são surpreendentemente soltos. É assim que um diálogo deve ser.

A SEGUNDA NOITE

Todos os problemas têm base nos relacionamentos interpessoais

O JOVEM CUMPRIU COM A PALAVRA. Exatamente uma semana depois, retornou ao gabinete do filósofo. Para falar a verdade, apenas dois ou três dias após a primeira visita já queria voltar correndo. Ele havia refletido sobre o assunto e suas dúvidas tinham se transformado em duas certezas: a de que a teleologia – atribuição do propósito de determinado fenômeno – era uma falácia e a de que a existência do trauma era inquestionável. *As pessoas não podem simplesmente esquecer ou se libertar do passado.*

Hoje o jovem decidiu que derrubaria por completo as teorias do excêntrico filósofo e resolveria de vez a disputa com ele.

POR QUE VOCÊ NÃO GOSTA DE SI MESMO

JOVEM: Depois da primeira noite, eu me acalmei, me concentrei e refleti sobre a conversa. Mesmo assim devo dizer que continuo não conseguindo concordar com suas teorias.

FILÓSOFO: Ah, é? O que você acha questionável nelas?

JOVEM: Bem, por exemplo, no outro dia admiti que não gosto de mim mesmo. Não importa o que eu faça, só encontro defeitos, e não vejo razão para começar a gostar de mim. Mas, claro, ainda quero gostar. Pela sua explicação, tudo está relacionado a metas, mas que tipo de meta eu poderia ter aqui? Quer dizer, que tipo de vantagem eu levo em não gostar de mim? Não consigo enxergar nada a ganhar com isso.

FILÓSOFO: Entendo. Você sente que não tem nenhum ponto forte, apenas defeitos. Não importa o que aconteça, é assim que você se sente. Em outras palavras, sua autoestima é baixíssima. Assim, as questões aqui são: por que você se sente tão infeliz? E por que tem autoestima tão baixa?

JOVEM: Porque isto é um fato: realmente, não tenho nenhum ponto forte.

FILÓSOFO: Está enganado. Você só enxerga seus defeitos porque resolveu começar a não gostar de si. Para isso, não enxerga nenhum ponto forte em si e se concentra nos defeitos. Antes de tudo, você precisa entender esse fato.

JOVEM: Eu resolvi começar a não gostar de mim?

FILÓSOFO: Exatamente. Para você, não gostar de si é uma virtude.

JOVEM: Por quê? Qual é o motivo disso?

FILÓSOFO: Talvez você devesse refletir. Que tipos de defeitos você acha que tem?

JOVEM: Tenho certeza de que você já percebeu. Tudo começa com a minha personalidade. Não tenho nenhuma autoconfiança e sou sempre pessimista a respeito de tudo. Além disso, acho que sou envergonhado demais, porque me preocupo com o que as outras pessoas veem em mim, então vivo desconfiado delas. Nunca consigo agir com naturalidade. Tudo o que eu digo ou faço tem um ar meio teatral. E o problema não é só a minha personalidade. Também não gosto nada do meu rosto e do meu corpo.

FILÓSOFO: Quando lista seus defeitos, como você se sente?

JOVEM: Nossa, é horrível! Claro que eu me sinto péssimo. Tenho certeza de que ninguém gostaria de se envolver com um cara tão esquisito quanto eu. Se houvesse alguém tão infeliz e incômodo assim na minha vizinhança, eu também manteria distância.

FILÓSOFO: Entendo. Bem, isso resolve o problema.

JOVEM: Como assim?

FILÓSOFO: Se eu me basear no seu exemplo, talvez você não compreenda, portanto vou tentar outro. Uso este gabinete para sessões de orientação psicológica simples. Anos atrás, uma estudante entrou e se sentou na mesma cadeira onde você está sentado agora. Ela me relatou o problema: tinha medo de ficar com as bochechas coradas. Me contou que sempre corava quando falava em público e que fazia de tudo para evitar esse constrangimento. Então perguntei: "Bem, se você *conseguir* curar isso, o que vai querer fazer depois?" Ela me respondeu que gostava de um homem em segredo, mas não estava pronta para se expor. Caso se curasse do medo de corar, confessaria o desejo de ficar com ele.

JOVEM: Parece o típico problema para o qual uma estudante procuraria orientação. Para ela confessar o que sente, primeiro precisa acabar com esse problema.

FILÓSOFO: Mas será que essa é a história completa? Tenho uma opinião diferente. Por que ela começou a ter esse medo de corar? E por que não melhorava? A resposta é que ela precisava desse sintoma.

JOVEM: Como assim? Ela estava pedindo que você a curasse, não estava?

FILÓSOFO: Na sua opinião, qual era o maior medo da jovem, aquilo que mais queria evitar? Era a rejeição do homem, claro, a possibilidade de que o amor não correspondido negasse tudo a ela: a própria existência e a possibilidade do "eu". Isso é muito comum no amor adolescente não correspondido. Por outro lado, enquanto ela tiver medo de corar, pode continuar pensando: *Não posso ficar com ele porque tenho medo de corar.* Talvez ela jamais crie coragem de confessar os sentimentos e, mesmo assim, esteja convencida de que ele a rejeitaria. Além de tudo, ela pode ter a expectativa de que *Se meu medo de corar melhorasse, eu poderia...*

JOVEM: Certo, então ela criou o medo de corar como desculpa para sua incapacidade de confessar seus sentimentos. Ou talvez como uma espécie de "seguro" para quando ele a rejeitasse.

FILÓSOFO: Sim, você também pode enxergar dessa maneira.

JOVEM: Esta, de fato, é uma interpretação interessante. Mas, se fosse verdadeira, não haveria como ajudá-la, certo? Como ela precisa do medo de corar e ao mesmo tempo sofre por isso, seus problemas não teriam fim.

FILÓSOFO: Bem, o que eu disse a ela foi: "É fácil acabar com esse medo de corar." Ela perguntou: "É mesmo?" Eu prossegui: "Mas eu não vou fazer isso." Ela insistiu: "Por quê?" Expliquei: "É graças ao seu medo que você consegue aceitar sua insatisfação consigo mesma, com o mundo ao seu redor e com uma vida que não está indo bem. É graças ao seu medo de corar que você suporta os problemas causados por esse mesmo medo de corar." Ela perguntou: "Como isso é possível?" Eu respondi: "Se eu curasse seu medo e sua situação não mudasse em nada, o que você faria? Provavelmente, voltaria aqui e diria: 'Devolva meu medo.' E isso estaria além de minhas possibilidades."

JOVEM: Humm...

FILÓSOFO: A história dela é bastante comum. Estudantes que se preparam para as provas pensam: *Se eu passar, minha vida será maravilhosa.* Trabalhadores pensam: *Se eu for transferido, tudo se resolverá.* Mas, em muitos casos, mesmo quando esses desejos se realizam, a situação dessas pessoas não muda em nada.

JOVEM: É verdade.

Filósofo: Se um paciente aparece pedindo a cura para seu medo de corar, o orientador não deve curar os sintomas. Do contrário, a cura tenderá a ser ainda mais difícil. Essa é a postura da psicologia adleriana diante desse tipo de situação.

Jovem: Então o que você faz especificamente? Pergunta o que preocupa o paciente e deixa como está?

Filósofo: A estudante não tinha autoconfiança. Morria de medo de ser rejeitada caso confessasse seu amor. E, se isso acontecesse, ela perderia ainda mais a autoconfiança e ficaria magoada. Por isso criou o sintoma do medo de corar. O que posso fazer é conseguir, primeiro, que a pessoa aceite "a si mesma agora" e, depois, qualquer que seja o resultado, que adquira a coragem de seguir em frente. Na psicologia adleriana, esse tipo de abordagem é chamado de "encorajamento".

Jovem: Encorajamento?

Filósofo: Sim. Quando avançarmos um pouco mais na conversa, vou lhe explicar o que é isso. Ainda não estamos no momento certo.

Jovem: Tudo bem. Por ora, vou manter a palavra "encorajamento" em mente. Então o que aconteceu com ela?

Filósofo: Pelo que eu soube, um dia ela saiu com um grupo de amigos e o homem foi. No fim das contas, foi ele quem confessou o desejo de ficar com ela. Claro que depois ela nunca mais voltou aqui. Não sei o que aconteceu com o medo. Provavelmente ela deixou de precisar dele.

Jovem: Sim, certamente o medo se tornou inútil.

FILÓSOFO: Pois é. Agora, com base na história da estudante, vamos refletir sobre os seus problemas. Você disse que só enxerga defeitos em si e que provavelmente nunca irá gostar de si mesmo. E também disse: "Tenho certeza de que ninguém gostaria de se envolver com um cara tão esquisito quanto eu", não foi? É claro que você já entendeu, mas por que não gosta de si mesmo? Por que se concentra nos seus defeitos, e por que decidiu começar a não gostar de si? É porque você tem um medo exagerado de que os outros o rejeitem e de se magoar nos relacionamentos interpessoais.

JOVEM: Como assim?

FILÓSOFO: Como a jovem com medo de corar, que temia ser rejeitada pelo homem, você teme ser rejeitado por outras pessoas, ser tratado com desdém, ser repelido e acabar tendo feridas emocionais profundas. Você pensa que, em vez de se envolver nessas situações, seria melhor simplesmente não se relacionar com ninguém. Em outras palavras, sua meta é não se magoar nos relacionamentos.

JOVEM: Humm...

FILÓSOFO: E como atingir essa meta? A resposta é fácil. Simplesmente descubra seus defeitos, comece a se detestar e torne-se alguém que não entra em relacionamentos interpessoais. Desse jeito, caso consiga se fechar em sua própria concha, não precisará interagir com ninguém e terá até uma justificativa preparada sempre que sofrer uma rejeição: a de que você é rejeitado por causa dos seus defeitos e que, se a situação fosse diferente, também poderia ser amado.

JOVEM: Agora você me deu uma bronca!

FILÓSOFO: Não seja evasivo. Para você, ser do jeito que é, com todos esses defeitos, é uma virtude preciosa. Em outras palavras, algo benéfico.

JOVEM: Ai, essa doeu. Que sádico. Você é diabólico! Tudo bem, é verdade: eu *tenho* medo. Não quero acabar me ferindo nos relacionamentos interpessoais. Tenho pavor de ser rejeitado por ser quem sou. É difícil admitir, mas você está certo.

FILÓSOFO: Admitir é uma boa atitude. Mas lembre-se: é praticamente impossível não se magoar nos relacionamentos. Quando você entra em um relacionamento, é inevitável que isso aconteça, num grau maior ou menor. Adler diz: "Para se livrar dos problemas, tudo que se pode fazer é viver isolado no universo." Mas isso é impossível.

TODOS OS PROBLEMAS TÊM BASE NOS RELACIONAMENTOS INTERPESSOAIS

JOVEM: Espere um minuto! Você quer que eu deixe essa passar? "Para se livrar dos problemas, tudo que se pode fazer é viver isolado no universo." Como assim? Se eu vivesse sozinho, não me sentiria extremamente solitário?

FILÓSOFO: Ah, mas estar sozinho não é o que faz você se sentir solitário. Solidão é ter outras pessoas, a sociedade e a comunidade à sua volta e, mesmo assim, se sentir excluído. Para nos sentirmos solitários, precisamos de outras pessoas. Em outras palavras, uma pessoa só se torna um indivíduo em contextos sociais.

JOVEM: Se você estivesse realmente sozinho, ou seja, se apenas você habitasse o universo, não seria um indivíduo e tampouco se sentiria solitário?

FILÓSOFO: Imagino que o próprio conceito de solidão nem sequer viria à tona. Você não precisaria da linguagem, e tampouco haveria necessidade da lógica e do senso comum. Mas isso é impossível. Mesmo que você vivesse numa ilha deserta, pensaria em alguém do outro lado do oceano. Mesmo que dormisse sozinho, você se esforçaria para ouvir o som da respiração de alguém. Enquanto houvesse alguém em algum lugar, você seria atormentado pela solidão.

Jovem: Mas desse jeito você poderia parafrasear sua ideia da seguinte forma: "Se alguém pudesse viver sozinho no universo, seus problemas acabariam." Certo?

Filósofo: Em teoria, sim. Adler diz que "todos os problemas têm base nos relacionamentos interpessoais".

Jovem: Pode repetir?

Filósofo: Podemos repetir quantas vezes você quiser: todos os problemas têm base nos relacionamentos interpessoais. Este é um conceito que vai à raiz da psicologia adleriana. Se todos os relacionamentos desaparecessem no mundo – ou seja, se alguém estivesse sozinho no universo e o resto da humanidade tivesse desaparecido –, todos os tipos de problemas desapareceriam.

Jovem: Mentira! Isso não passa de uma falácia acadêmica.

Filósofo: Claro que não conseguimos viver sem relacionamentos interpessoais. A existência de um ser humano, em sua essência, pressupõe a de outros seres humanos. Em princípio, viver completamente separado dos outros é impossível. Como você mesmo disse, a premissa de que alguém pode viver sozinho no universo é infundada.

Jovem: Não é disso que estou falando. É óbvio que os relacionamentos interpessoais provavelmente são um grande problema. Reconheço isso. Mas dizer que tudo se reduz a problemas de relacionamento é uma posição extremista. O que você me diz sobre o medo de ser excluído dos relacionamentos e as situações em que o indivíduo tortura a si mesmo? São problemas direcionados para si próprio. Você nega todos eles?

FILÓSOFO: Não há preocupação completamente definida pelo indivíduo. A chamada preocupação interna não existe. Qualquer que seja a preocupação, as sombras de outras pessoas estão sempre presentes.

JOVEM: Mas, mesmo assim, você é um filósofo. O ser humano tem problemas mais relevantes, maiores do que questões de relacionamentos interpessoais. O que é felicidade? O que é liberdade? Qual é o sentido da vida? Não são estes os temas que os filósofos vêm investigando desde a Grécia Antiga? E então você diz "E daí?" e "Os relacionamentos são tudo"? Isso me parece meio prosaico. Difícil acreditar que um filósofo diria essas coisas.

FILÓSOFO: Bem, então parece que preciso explicar de uma forma mais concreta.

JOVEM: Sim, por favor! Se você me diz que é filósofo, então precisa me explicar as coisas de verdade; do contrário, nada disso faz o menor sentido.

FILÓSOFO: Você teve tanto medo dos relacionamentos interpessoais que passou a se detestar. Você começou a se odiar para evitar os relacionamentos.

Essas afirmações abalaram o jovem até a alma. As palavras tinham uma verdade inegável que parecia dilacerar seu coração. Mesmo assim, ele precisava encontrar uma refutação clara à afirmação de que todos os problemas que as pessoas vivem têm base nos relacionamentos. Adler estava banalizando os problemas. *Meus problemas não são tão triviais assim!*

SENTIMENTOS DE INFERIORIDADE SÃO PRESSUPOSTOS SUBJETIVOS

FILÓSOFO: Bem, vamos analisar os relacionamentos interpessoais de uma perspectiva um pouco diferente. Você está familiarizado com a expressão "sentimento de inferioridade"?

JOVEM: Que pergunta boba. Como você já deve ter percebido em nossa discussão até agora, sou uma bolha ambulante de sentimentos de inferioridade.

FILÓSOFO: Que sentimentos são esses especificamente?

JOVEM: Bem, por exemplo, se eu abro o jornal e leio uma notícia sobre uma pessoa mais ou menos da minha idade, alguém realmente bem-sucedido, sou dominado por sentimentos de inferioridade. Se outra pessoa que viveu tanto tempo quanto eu consegue ter tanto sucesso, então que diabos estou fazendo de errado comigo mesmo? Quando vejo um amigo feliz, antes mesmo de ter vontade de comemorar com ele, eu me encho de inveja e frustração. Claro que meu rosto cheio de espinhas não ajuda em nada, e tenho um forte sentimento de inferioridade no que diz respeito à minha educação e ao meu emprego. Além de tudo, tem a questão de quanto eu ganho e do meu status social. Resumindo, estou completamente dominado por sentimentos de inferioridade.

FILÓSOFO: Entendo. Aliás, Adler é considerado a primeira pessoa a usar a expressão "sentimento de inferioridade" no contexto em que é usada hoje.

JOVEM: Eu não sabia.

FILÓSOFO: Em alemão, o idioma de Adler, a palavra é *Minderwertigkeitsgefühl*, que significa o sentimento (*Gefühl*) de ter menos (*minder*) valor (*Wert*). Ou seja, "sentimento de inferioridade" é um termo que tem a ver com o próprio julgamento de valor.

JOVEM: Julgamento de valor?

FILÓSOFO: É a sensação de que você não tem valor ou de que tem um valor limitado.

JOVEM: Ah, essa sensação eu conheço. Ela me define muito bem. Não passo um dia sequer sem me atormentar com o pensamento de que não há sentido em viver.

FILÓSOFO: Bem, então vejamos meus sentimentos de inferioridade. Quando você veio me ver pela primeira vez, qual foi sua impressão das minhas características físicas?

JOVEM: Ahn, bem...

FILÓSOFO: Não precisa se conter. Seja direto.

JOVEM: Tudo bem, achei você menor do que eu havia imaginado.

FILÓSOFO: Obrigado. Eu tenho 1,55m. Pelo que sei, Adler tinha a mesma altura. Houve uma época – na verdade, até eu ter mais ou menos sua idade – em que eu me preocupei com isso. Eu tinha a certeza de que as coisas seriam diferentes se eu tivesse uma altura normal ou fosse 20 centímetros mais alto, ou mesmo apenas 10 centímetros. Era como se uma vida mais agradável estivesse esperando por mim. Quando tinha esses sentimentos, eu conversava com um amigo, e ele afirmava que eu estava falando "um monte de besteira" e simplesmente me ignorava.

JOVEM: Isso é horrível! Que amigo...

FILÓSOFO: Ele também dizia: "O que você faria se ficasse mais alto? Veja bem, você tem o dom de fazer as pessoas relaxarem." Um homem grande e forte pode acabar intimidando as pessoas. Já com alguém pequeno como eu, as pessoas perdem o medo. Isso me fez perceber que ser baixinho era algo desejável tanto para mim como para aqueles à minha volta. Em outras palavras, houve uma transformação de valores. Não me preocupo mais com minha altura.

JOVEM: Tudo bem, mas isso...

FILÓSOFO: Espere até eu concluir. O importante aqui é que minha altura, 1,55m, não era inferior.

JOVEM: Não era inferior?

FILÓSOFO: Na verdade, não me faltava nada, e eu não a considerava inferior. Claro que 1,55m é abaixo da altura média, e esse é um número objetivamente medido. À primeira vista, pode parecer inferior. Mas as verdadeiras perguntas são: que tipo de significado eu atribuo a essa altura? Que tipo de valor eu dou?

JOVEM: Como assim?

FILÓSOFO: Meus sentimentos sobre minha altura eram todos sentimentos de inferioridade subjetivos, que nasciam inteiramente da comparação com os outros. Ou seja, de meus relacionamentos interpessoais. Porque, se não houvesse ninguém com quem me comparar, eu não teria oportunidade de pensar que era baixo. Neste momento, você também está sofrendo de diversos sentimentos de inferioridade. Mas, por favor, entenda que não se trata de uma inferioridade objetiva, mas de um sentimento subjetivo. Mesmo quando o assunto é altura, tudo é subjetivo.

JOVEM: Em outras palavras, os sentimentos de inferioridade são interpretações subjetivas em vez de fatos objetivos?

FILÓSOFO: Exatamente. Se eu enxergo a situação do ponto de vista do meu amigo, que diz que deixo as pessoas relaxadas, e não intimidadas, minha altura pode se tornar um ponto forte. Claro que esta é uma interpretação subjetiva, e você pode até dizer que é um pressuposto arbitrário, mas existe um aspecto positivo na subjetividade: ela permite a você fazer sua escolha. Exatamente por eu entregar a questão à subjetividade, a opção de encarar minha altura como uma vantagem ou desvantagem fica aberta para mim.

JOVEM: Esse é o argumento de que você pode escolher um novo estilo de vida, lembra?

FILÓSOFO: É isso aí. Não podemos alterar fatos objetivos. Mas interpretações subjetivas podem ser mudadas à vontade. E a verdade é que habitamos um mundo subjetivo. Conversamos sobre isso logo no início, lembra?

JOVEM: Sim, a água do poço a 18 graus.

FILÓSOFO: Agora, pense na palavra alemã que designa o sentimento de inferioridade: *Minderwertigkeitsgefühl*. Como eu disse, "sentimento de inferioridade" é um termo ligado ao julgamento de valor da própria pessoa. E que valor seria esse? Pense no exemplo dos diamantes, que são vendidos a um alto valor. Ou da própria moeda. Encontramos valores específicos para essas coisas e dizemos que um quilate vale tanto, que os preços são tais e tais. Mas, se você muda seu ponto de vista, um diamante não passa de uma pedrinha.

JOVEM: Bem, intelectualmente, sim.

FILÓSOFO: Em outras palavras, o valor se baseia no contexto social. O valor atribuído a uma nota de 1 dólar não é objetivo, embora esse seja o senso comum. Se considerarmos seu custo real como material impresso, a cédula de 1 dólar está longe de valer isso. Se eu fosse a única pessoa deste mundo e ninguém mais existisse, provavelmente usaria essas notas na minha lareira para me aquecer no inverno. Talvez até para assoar o nariz. Seguindo essa mesma lógica, não deveria existir nenhum motivo para eu me preocupar com a minha altura.

JOVEM: Se você fosse a única pessoa do mundo e ninguém mais existisse?

FILÓSOFO: Sim. O problema do valor acaba nos levando de volta aos relacionamentos interpessoais.

JOVEM: Então isso tem a ver com a sua afirmação de que todos os problemas têm base nos relacionamentos interpessoais?

FILÓSOFO: Sim, correto.

COMPLEXO DE INFERIORIDADE É APENAS UMA DESCULPA

JOVEM: Será que você pode afirmar com certeza que os sentimentos de inferioridade têm, de fato, base nos relacionamentos interpessoais? Mesmo um indivíduo considerado bem-sucedido socialmente, que não precisa se rebaixar nos relacionamentos, tem esses sentimentos de inferioridade? Mesmo o homem de negócios que junta uma enorme fortuna, a mulher de beleza incomparável e invejada por todos, o medalhista de ouro olímpico... cada um deles seria assolado por sentimentos de inferioridade? Bem, tenho minhas dúvidas. Como eu *devo* pensar a respeito disso?

FILÓSOFO: Adler reconhece que todos nós temos sentimentos de inferioridade. Não há nada de errado nos sentimentos de inferioridade em si.

JOVEM: E por que as pessoas têm esses sentimentos, para começo de conversa?

FILÓSOFO: Acho que é preciso entender toda a situação a partir de determinada ordem. Em primeiro lugar, as pessoas entram neste mundo como seres impotentes e têm o desejo universal de escapar desse estado de impotência. Adler chamou isso de "busca da superioridade".

JOVEM: Busca da superioridade?

FILÓSOFO: Pense nisso simplesmente como "esperança de melhorar" ou "busca de um estado ideal". Por exemplo, um bebê aprende a se equilibrar sobre duas pernas. Ele tem o desejo universal de aprender a língua e melhorar. E todos os avanços da ciência no decorrer da história humana também se devem a essa "busca da superioridade".

JOVEM: Tudo bem. E aí?

FILÓSOFO: A contraparte disso é o sentimento de inferioridade. Todos estão na "condição de querer melhorar", que é a busca da superioridade. A pessoa acalenta diferentes ideais ou metas e avança na direção deles. Mas, quando não atinge seus ideais, passa a abrigar uma sensação de inferioridade. Por exemplo, existem chefes de cozinha que, por mais inspirados e realizados que se tornem, são sempre assolados pelo tipo de sentimento de inferioridade que os faz pensar: *Ainda não sou bom o suficiente. Preciso evoluir na arte de cozinhar*, etc.

JOVEM: É verdade.

FILÓSOFO: Adler está dizendo que a busca da superioridade e o sentimento de inferioridade não são doenças, mas estimulantes ao empenho e ao crescimento normais, saudáveis. Usado da forma correta, o sentimento de inferioridade também pode promover o empenho e o crescimento.

JOVEM: O sentimento de inferioridade é uma espécie de plataforma de lançamento?

FILÓSOFO: É isso aí. A pessoa tenta se livrar do sentimento de inferioridade e segue em frente. Nunca estamos satisfeitos com a situação atual – ainda que seja um único passo, a pessoa quer progredir, quer ser mais feliz. Não há absolutamente nada de errado nesse tipo de sentimento de inferioridade. O problema é que certas pessoas perdem a coragem de dar um passo à frente e não conseguem aceitar que a situação pode ser mudada se fizerem esforços realistas. Pessoas que nem sequer se mexem... Elas simplesmente desistem e dizem coisas do tipo: "Eu não sou bom o suficiente mesmo...", ou "Ainda que eu tentasse, não teria a menor chance".

JOVEM: Bem, isso é verdade, não resta dúvida. Se o sentimento de inferioridade é forte, em geral a pessoa se torna pessimista e diz: "Eu não sou bom o suficiente mesmo..." É assim que funciona o sentimento de inferioridade.

FILÓSOFO: Não, isso não é um sentimento de inferioridade – é um complexo de inferioridade.

JOVEM: Um complexo? Mas isso não é igual a sentimento de inferioridade?

FILÓSOFO: Cuidado. Atualmente, a palavra "complexo" é usada como sinônimo de "sentimento de inferioridade". Você ouve as pessoas dizendo: "Tenho um complexo por causa das minhas pálpebras", ou "Ele tem um complexo por causa de sua educação", esse tipo de coisa. Esse é um uso equivocado do termo. Basicamente, "complexo" refere-se a um estado mental anormal formado por um grupo de emoções e ideias, e isso não tem nada a ver com o sentimento de inferioridade. Por exemplo, existe o complexo de Édipo, expressão criada por Freud e usada para descrever a atração anormal do menino pela mãe ou da menina pelo pai.

JOVEM: Sim. As nuances da anormalidade são especialmente fortes quando o complexo tem a ver com a mãe ou com o pai.

Filósofo: Pela mesma razão, é fundamental não confundir "sentimento de inferioridade" com "complexo de inferioridade" e considerar os dois coisas totalmente diferentes.

Jovem: Na prática, qual é a diferença entre os dois?

Filósofo: Não há nada de particularmente errado no sentimento de inferioridade em si. Agora você entende isso, certo? Como diz Adler, o sentimento de inferioridade pode estimular o esforço e o crescimento. Por exemplo, se alguém tivesse um sentimento de inferioridade em relação a sua instrução e pensasse *Tenho uma deficiência nos estudos, por isso vou ter que me esforçar mais que os outros*, esta seria uma direção desejável. O complexo de inferioridade, por outro lado, surge quando o indivíduo usa o sentimento de inferioridade como uma espécie de desculpa. Nesse caso, a pessoa pensa: *Minha instrução é deficiente, por isso não vou alcançar o sucesso,* ou *Não tenho boa aparência, por isso não consigo me casar.* Quando alguém insiste na lógica de que "A é a situação, logo B não pode ser feito" no dia a dia, não estamos falando de sentimento, mas de complexo de inferioridade.

Jovem: Discordo. Essa é uma relação causal legítima. Se você tem uma instrução deficiente, isso reduz as chances de obter emprego ou vencer na vida. Você é considerado inferior na escala social e não consegue ter sucesso. Não é desculpa coisa nenhuma. É um fato objetivo, certo?

Filósofo: Não, você está errado.

Jovem: Como? Onde estou errado?

Filósofo: O que você está chamando de relação causal é algo que Adler define como "causa e efeito aparente". Quer dizer, você se convence de que existe uma relação causal onde não existe. Outro dia, um homem me disse: "Tenho dificuldade para me casar porque meus pais se divorciaram quando eu era criança." Segundo a etiologia freudiana (a atribuição de causas), o divórcio dos pais dele foi um grande trauma que claramente havia afetado seu ponto de vista sobre o casamento. Adler, porém, com a posição da teleologia (a atribuição de propósito), rejeita esse argumento e considera que existe aí uma relação de "causa e efeito aparente".

JOVEM: Mesmo assim, a realidade é que um bom nível de instrução facilita o sucesso na sociedade. Pensei que você soubesse como funciona o mundo.

FILÓSOFO: A verdadeira questão é como a pessoa enfrenta essa realidade. Se você pensa: *Tenho uma deficiência no meu nível de instrução, por isso não sou capaz de alcançar o sucesso*, deveria simplesmente trocar *não sou capaz de alcançar o sucesso* por *não quero alcançar o sucesso.*

JOVEM: Não quero alcançar o sucesso? Que tipo de raciocínio é esse?

FILÓSOFO: Acontece que é assustador dar um passinho que seja à frente. Além disso, a pessoa não quer se esforçar de verdade. Não quer mudar a ponto de sacrificar os prazeres que curte agora – por exemplo, o tempo gasto se divertindo. Em outras palavras, você não está equipado com a *coragem* de mudar seu estilo de vida. É mais fácil deixar as coisas como estão, ainda que você tenha algumas queixas ou limitações.

OS ARROGANTES TÊM SENTIMENTOS DE INFERIORIDADE

JOVEM: Pode ser, mas...

FILÓSOFO: Além disso, você tem um complexo de inferioridade em relação a sua instrução e pensa: *Minha instrução é deficiente, por isso não vou alcançar o sucesso.* Se você inverter a lógica, o raciocínio poderá ser: *Se eu fosse bem instruído, poderia alcançar o sucesso.*

JOVEM: Humm... É verdade.

FILÓSOFO: Esse é o outro aspecto do complexo de inferioridade. Quem manifesta o complexo de inferioridade em palavras ou atitudes, quem diz que "A é a situação, logo a meta B é impossível", dá a entender que, se não fosse por A, seria capaz e teria valor.

JOVEM: Esse é exatamente o meu caso.

FILÓSOFO: Sim. Adler diz que ninguém aguenta ter sentimentos de inferioridade por muito tempo. Todos têm esse sentimento, mas permanecer nessa condição é duro demais para alguém aguentar para sempre.

JOVEM: Como assim? Isso está ficando meio confuso.

Filósofo: Vamos por partes. Quando você tem um sentimento de inferioridade, sente que falta alguma coisa em sua situação atual. Então a questão é...

Jovem: Como você preenche a parte que falta, certo?

Filósofo: Exato. Como compensar a parte que está faltando. A maneira mais saudável é tentar compensar pelo esforço e pelo crescimento. Por exemplo, poderia ser aplicando-se nos estudos, participando de treinamentos constantes ou sendo cuidadoso no trabalho. Entretanto, pessoas que não estão equipadas com essa coragem acabam caindo no complexo de inferioridade. De novo, é o pensamento: *Minha instrução é deficiente, por isso não posso alcançar o sucesso*. E ao mesmo tempo o indivíduo deixa implícita sua capacidade ao dizer: "Se eu fosse bem instruído, poderia alcançar o sucesso." Também deixa implícito que "o eu real", que por acaso está obscurecido agora pela questão da instrução, é superior.

Jovem: Não, isso não faz sentido – o segundo ponto que você levantou vai além do sentimento de inferioridade. É mais uma bravata do que qualquer outra coisa, certo?

Filósofo: Certo. O complexo de inferioridade também pode evoluir para outro estado mental.

Jovem: Qual?

Filósofo: Você não deve ter ouvido falar muito dele. É o "complexo de superioridade".

Jovem: Complexo de *superioridade*?

Filósofo: Alguém sofre de fortes sentimentos de inferioridade, mas não tem a coragem de compensar isso com modos saudáveis de prosperar e crescer. A pessoa não consegue tolerar o complexo de inferioridade que o faz pensar: *A é a situação, logo B não pode ser feito.* Não consegue aceitar "seu eu incapaz". Então compensa de outra maneira e procura uma saída mais fácil.

JOVEM: Qual?

FILÓSOFO: Agir como se fosse superior e se entregar a um sentimento de superioridade forjado.

JOVEM: Não estou entendendo.

FILÓSOFO: Um exemplo conhecido é o daquela pessoa que vive uma vida de mentira.

JOVEM: Explique melhor.

FILÓSOFO: A pessoa espalha aos quatro ventos que é amiga de alguém importante (pode ser qualquer um, do representante de turma na escola a uma celebridade). Com isso, mostra que é especial. Comportamentos como mentir no currículo, só usar roupas de marca ou ostentar riqueza material também são típicos de quem tem complexo de superioridade. Nesse caso, o "eu" não é superior ou especial. Você está apenas fazendo seu "eu" parecer superior associando-o a uma "autoridade". Em suma, é um sentimento de superioridade forjado.

JOVEM: E na base disso existe um forte sentimento de inferioridade?

FILÓSOFO: Claro. Não entendo muito de moda, mas acho natural pensar que pessoas que usam anéis com pedras preciosas em todos os dedos não fazem isso por uma questão de sensibilidade estética, mas porque têm sentimentos de inferioridade. Em outras palavras, exibem sinais de complexo de superioridade.

JOVEM: Certo.

FILÓSOFO: Mas quem procura parecer maior com base em um poder falso está essencialmente vivendo de acordo com os sistemas de valores de outra pessoa – está vivendo a vida das outras pessoas. Este é um ponto que precisa ser enfatizado.

JOVEM: Complexo de superioridade... Esta é uma psicologia bem interessante. Pode me dar outro exemplo?

FILÓSOFO: Muitos gostam de se vangloriar de seus feitos. A pessoa se apega às suas glórias passadas e vive narrando lembranças da época em que sua estrela brilhou mais. Talvez você conheça pessoas assim. Podemos dizer que todas elas têm complexo de superioridade.

JOVEM: O tipo de homem que se vangloria de seus feitos? Sim, essa é uma atitude arrogante, mas talvez ele se vanglorie porque é realmente superior. Você não pode chamar isso de sentimento de superioridade forjado.

FILÓSOFO: Nisso você está errado. Na verdade, quem chega ao ponto de se vangloriar em voz alta, aos quatro ventos, não tem autoconfiança. Como Adler indica claramente: "Aquele que se vangloria só faz isso porque tem um sentimento de inferioridade."

JOVEM: Você está dizendo que se vangloriar é um sentimento de inferioridade invertido?

FILÓSOFO: Exato. Quem tem autoconfiança não sente necessidade de se vangloriar; por outro lado, quem se vangloria tem um forte sentimento de inferioridade. A pessoa sente que precisa ostentar a superioridade o tempo todo. Teme que, sem isso, ninguém a aceitará "do jeito que é". Trata-se de um complexo de superioridade total.

JOVEM: Então, apesar de parecer que o complexo de inferioridade é diametralmente oposto ao complexo de superioridade, na verdade eles têm pontos de contato?

FILÓSOFO: Correto. Eles estão claramente ligados. Vou lhe dar um último exemplo, de complexo de ostentação – um padrão que leva a um sentimento de superioridade específico manifestado quando o sentimento de inferioridade se intensifica. Estou falando de pessoas que se vangloriam do próprio infortúnio.

JOVEM: Se vangloriar do próprio infortúnio?

FILÓSOFO: Aquela pessoa que, por exemplo, se gaba ao falar de como foi criada quando pequena e dos diversos contratempos que teve. Se alguém tenta confortar essa pessoa ou sugerir uma mudança, ela recusa a ajuda dizendo: "Você não entende como eu me sinto."

JOVEM: Bem, tem gente assim, mas...

FILÓSOFO: Essas pessoas tentam usar suas experiências ruins para se fazerem de "especiais" e seu infortúnio para se colocarem acima das outras. Vamos pegar minha baixa estatura, por exemplo. Digamos que pessoas gentis me digam "Você não precisa se preocupar com isso", ou "Altura não tem nada a ver com os valores humanos". Se eu as rejeitasse e dissesse "Vocês acham que entendem o que as pessoas baixas passam, hein?", ninguém mais diria nada. Tenho certeza de que todos à minha volta começariam a me tratar como se eu estivesse a ponto de explodir e lidariam comigo com cautela.

Jovem: Tem razão.

Filósofo: Com isso, minha posição passa a ser superior à das outras pessoas, e posso me tornar especial. Muitos tentam ser especiais adotando esse tipo de atitude quando estão doentes ou feridos, ou angustiados por causa de uma decepção amorosa.

Jovem: Então essas pessoas revelam o sentimento de inferioridade e tiram proveito dele?

Filósofo: Sim, usam o próprio infortúnio para tentar controlar o outro. Quando elas contam como estão infelizes e como têm sofrido, na verdade tentam preocupar as pessoas à sua volta (família e amigos, por exemplo) e controlar a fala e o comportamento delas. Muitas vezes, as pessoas de quem eu falei no início, que se trancam no quarto, se entregam a sentimentos de superioridade, tirando proveito de seu infortúnio. O próprio Adler observou: "Na nossa cultura, a fraqueza pode ser bem forte e poderosa."

Jovem: A fraqueza é poderosa?

Filósofo: Adler diz: "Na verdade, se nos perguntássemos quem é a pessoa mais forte na nossa cultura, a resposta lógica seria o bebê. O bebê domina e não pode ser dominado." O bebê domina os adultos com sua fraqueza. E é por causa dessa fraqueza que ninguém consegue controlá-lo.

Jovem: Nunca tinha ouvido esse ponto de vista.

Filósofo: Claro que, quando a pessoa magoada diz "Você não entende como eu me sinto", geralmente existe uma certa dose de verdade. Ninguém é capaz de entender perfeitamente os sentimentos da pessoa que está sofrendo. Mas enquanto ela continuar tirando proveito do próprio infortúnio para ser "especial", sempre precisará dele.

O jovem e o filósofo haviam abordado uma série de tópicos de discussão: o sentimento de inferioridade, o complexo de inferioridade e o complexo de superioridade. Embora fossem claramente palavras-chave da psicologia, as verdades que elas continham eram muito diferentes dos significados imaginados pelo jovem. Mesmo assim, algo soava errado para ele. *De tudo isso que ele falou, o que está sendo difícil de aceitar? Deve ser a parte introdutória, a premissa, que está me deixando em dúvida.* O jovem calmamente abriu a boca para falar.

A VIDA NÃO É UMA COMPETIÇÃO

JOVEM: Acho que ainda não captei bem a ideia.

FILÓSOFO: Sem problema. Pergunte o que quiser.

JOVEM: Adler reconhece que a busca da superioridade – a tentativa de ser uma pessoa superior – é um desejo universal, certo? Por outro lado, faz um alerta para sentimentos excessivos de inferioridade e superioridade. Seria fácil entender se ele cortasse a parte da busca da superioridade. Minha pergunta é: afinal, o que devemos fazer?

FILÓSOFO: Reflita sobre essa questão nos seguintes termos: quando nos referimos à busca da superioridade, costumamos pensar nela como o desejo de ser superior às outras pessoas, como o desejo de subir mais alto, mesmo que isso signifique pisar na cabeça dos outros. É como subir uma escada e ir empurrando as pessoas para fora do caminho a fim de chegar ao topo. Claro que Adler não defende esse comportamento – pelo contrário, ele diz que, no mesmo campo de jogo, algumas pessoas vão adiante e outras seguem atrás, como se aproveitassem o caminho trilhado. Guarde essa imagem na mente. Embora a distância percorrida e a velocidade de caminhada sejam diferentes, todos estão se movendo no mesmo plano. A busca da superioridade é a mentalidade de dar um passo à frente com os próprios pés, e não a mentalidade da competição que requer ser superior às outras pessoas.

JOVEM: Então a vida não é uma competição?

FILÓSOFO: Exatamente. Basta continuar avançando, sem competir com ninguém. E claro que ninguém precisa ficar se comparando aos outros.

JOVEM: Não, isso é impossível. Nós sempre vamos nos comparar às outras pessoas, aconteça o que acontecer. É exatamente daí que nasce o sentimento de inferioridade, certo?

FILÓSOFO: O sentimento de inferioridade saudável não nasce da comparação com os outros, mas com nosso próprio "eu" ideal.

JOVEM: Mas...

FILÓSOFO: Veja bem, somos todos diferentes. Sexo, idade, conhecimentos, experiência, aparência: não existem duas pessoas iguais. Devemos ver com bons olhos o fato de que os outros são diferentes de nós. E que não somos idênticos, mas somos iguais.

JOVEM: Não somos idênticos, mas somos iguais?

FILÓSOFO: Exato. Todos somos diferentes. Não confunda essa diferença com bom e ruim, superior e inferior. Quaisquer que sejam nossas diferenças, somos todos iguais.

JOVEM: Nenhuma distinção de nível entre as pessoas. Em termos idealistas, pode ser, mas estamos tentando ter uma discussão honesta sobre a realidade, certo? Você realmente diria, por exemplo, que eu, um adulto e uma criança que ainda não sabe fazer conta somos iguais?

FILÓSOFO: Em termos da quantidade de conhecimentos e experiências, e da responsabilidade que cada um pode assumir, claro que há diferenças. A criança pode não saber amarrar o sapato direito, resolver equações complicadas ou assumir as responsabilidades de um adulto quando surgem problemas, porém nada disso deve ter relação com os valores humanos. Minha resposta é a mesma. Os seres humanos são todos iguais, mas não idênticos.

JOVEM: Então você está dizendo que uma criança deve ser tratada como um adulto crescido?

FILÓSOFO: Não, em vez de tratar a criança como um adulto, ou como uma criança, devemos tratá-la como um ser humano. Você deve interagir com a criança com sinceridade, da mesma forma que trataria outro ser humano igual a você.

JOVEM: Vamos mudar a pergunta. Todas as pessoas são iguais. Estão no mesmo campo de jogo nivelado. Mas existe uma disparidade, não acha? Aquelas que avançam são superiores, e aquelas que perseguem as que estão na dianteira são inferiores. Assim, no final temos o problema da distinção entre superior e inferior, certo?

FILÓSOFO: Errado. Não importa se alguém está tentando andar na frente ou atrás dos outros. É como se todos estivéssemos nos movendo por um espaço plano sem eixo vertical. Não andamos para competir com alguém. O valor está em tentar evoluir em relação ao que somos agora.

JOVEM: Você se libertou de todas as formas de competição?

FILÓSOFO: Claro. Não penso em conquistar status ou me distinguir e vivo a vida como um filósofo forasteiro sem qualquer ligação com a competição mundana.

JOVEM: Isso significa que você caiu fora da competição? Que, de algum modo, aceitou a derrota?

FILÓSOFO: Não. Eu me retirei de lugares que estão preocupados com vitória e derrota. Quando tentamos ser nós mesmos, a competição inevitavelmente atrapalha.

JOVEM: Negativo! Isso não passa de um argumento de um velho cansado. Jovens como eu precisam subir pelo próprio esforço em meio à tensão da competição. Eu só consigo me superar porque tenho um rival correndo ao meu lado. O que há de errado em pensar que existe competição nos relacionamentos interpessoais?

FILÓSOFO: Se seu rival também fosse um companheiro, talvez a competição levasse ao autoaperfeiçoamento. Mas, em muitos casos, o competidor não será seu companheiro.

JOVEM: Como assim?

SÓ VOCÊ SE PREOCUPA COM SUA APARÊNCIA

FILÓSOFO: Vamos esclarecer os fatos. No início, você expressou sua insatisfação com a definição de Adler de que todos os problemas têm base nos relacionamentos interpessoais, certo? Foi este o fundamento para nossa discussão sobre os sentimentos de inferioridade.

JOVEM: Certo. O tema dos sentimentos de inferioridade foi bastante intenso, e eu estava a ponto de deixá-lo de lado. Por que você tocou nesse assunto?

FILÓSOFO: Porque ele está ligado ao tema da competição. Lembre-se disto. Se existe competição no núcleo dos relacionamentos interpessoais, o indivíduo não conseguirá escapar dos problemas de relacionamento ou de infortúnios.

JOVEM: Por que não?

FILÓSOFO: Porque, ao final da competição, existem vencedores e perdedores.

JOVEM: Não existe problema algum em haver vencedores e perdedores!

FILÓSOFO: Pense bem: e se fosse você quem tivesse a consciência de estar competindo com pessoas à sua volta? Nas suas relações, você será obrigado a ter consciência da sua vitória ou derrota. O Sr. A ingressou naquela universidade famosa, o Sr. B conseguiu emprego naquela grande empresa e o Sr. C está namorando uma mulher linda. Você vai se comparar com eles e pensar: *Isto é tudo que eu consegui.*

JOVEM: Ah, entendi, mas seu exemplo é bem específico.

FILÓSOFO: Quando alguém está consciente da competição e de que vai ganhar ou perder, é inevitável que surjam sentimentos de inferioridade, porque a pessoa está sempre se comparando e pensando: *Eu derrotei aquela pessoa* ou *Perdi para aquela pessoa.* O complexo de inferioridade e o complexo de superioridade são extensões disso. Nesse ponto, que tipo de pessoa você acha que o outro representa para você?

JOVEM: Não sei... Um rival, suponho.

FILÓSOFO: Não, não um mero rival. Antes mesmo de perceber, você começa a ver cada pessoa, todos os seres humanos do mundo, como seus inimigos.

JOVEM: Meus inimigos?

FILÓSOFO: É normal começar a pensar que as pessoas estão sempre encarando você com desprezo e tratando com desdém, que todos são inimigos que nunca devem ser subestimados e estão só esperando a oportunidade de atacar sem mais nem menos. Em suma, que o mundo é um lugar aterrorizante.

JOVEM: Inimigos que nunca devem ser subestimados... É com eles que estou competindo?

FILÓSOFO: É isso que a competição tem de tão aterrorizante. Mesmo que você não seja um perdedor, mesmo que esteja sempre vencendo, se você se colocou em competição, jamais terá um momento de paz. Você não quer ser um perdedor e para isso precisa se manter sempre vencendo. Você não pode confiar nos outros. A razão pela qual tantas pessoas não se sentem felizes de verdade mesmo quando alcançam o sucesso aos olhos da sociedade é que estão vivendo em competição. Para elas, o mundo é um lugar perigoso, repleto de inimigos.

JOVEM: Pode ser, mas...

FILÓSOFO: Mas será que as outras pessoas olham tanto assim para você? Estão mesmo de olho em você o tempo todo, aguardando o momento perfeito para atacar? Parece improvável. Um jovem amigo meu, quando adolescente, costumava passar um tempão diante do espelho arrumando o cabelo. Certa vez, quando fazia isso, sua avó disse: "Só você se preocupa com sua aparência." Ele disse que, depois de ouvir isso, ficou bem mais fácil encarar a vida.

JOVEM: Isso é uma indireta para mim, não é? Bem, talvez eu veja as pessoas à minha volta como inimigas. Vivo com medo de ser atacado, de ver as flechas voando na minha direção a qualquer momento. Sempre acho que estou sendo observado pelos outros, que estou sujeito a um julgamento rigoroso e vou ser atacado. E deve ser uma reação consciente, como a do adolescente obcecado com o espelho. As pessoas não estão prestando atenção em mim. Mesmo que eu saísse rastejando pela rua, elas nem perceberiam! Mas não sei... Você está dizendo que eu escolhi ter este sentimento de inferioridade, que ele é algum tipo de meta? Isso não faz o menor sentido para mim.

FILÓSOFO: Por que não?

JOVEM: Tenho um irmão três anos mais velho do que eu. Ele é o típico irmão mais velho: sempre obedece aos pais, vai bem nos estudos e nos esportes, é um exemplo de empenho. E, desde pequeno, eu sempre fui comparado a ele. Acontece que meu irmão é mais velho e sempre teve mais conhecimentos que eu. Por isso, claro que eu nunca consegui superá-lo em nada. Só que nossos pais não estavam nem aí para esse detalhe e nunca me deram o devido reconhecimento. Não importava o que eu fizesse, eles me tratavam como criança, me repreendiam sempre que podiam e viviam me mandando calar a boca. Aprendi a guardar o que sinto para mim mesmo. Passei a vida totalmente mergulhado em sentimentos de inferioridade, por isso foi mais do que natural achar que estava competindo com meu irmão!

FILÓSOFO: Entendo.

JOVEM: Às vezes, eu penso assim: sou como uma planta que cresceu sem receber sol suficiente. Por isso, é natural que eu tenha um forte sentimento de inferioridade. Duvido muito que alguém seja capaz de crescer direito nessas condições!

FILÓSOFO: Entendo, realmente entendo como você se sente, mas agora vamos examinar a "competição" levando em conta seu relacionamento com o irmão. Se você não visse o relacionamento com seu irmão e com outras pessoas de forma competitiva, como enxergaria essas pessoas?

JOVEM: Bem, meu irmão é meu irmão, e acho que as outras pessoas são outra história.

FILÓSOFO: Não. Essas outras pessoas deveriam se tornar suas companheiras com um viés mais positivo.

JOVEM: Companheiras?

Filósofo: Você disse que não consegue comemorar a felicidade alheia do fundo do coração, certo? Você pensa nos relacionamentos interpessoais como uma competição, percebe a felicidade das outras pessoas como uma derrota sua, por isso não consegue comemorar. Porém, depois que a pessoa se liberta do esquema de competição, a necessidade de triunfar sobre alguém desaparece. Quando isso acontece a pessoa também se liberta daquele medo que diz: *Talvez eu perca.* Com isso, torna-se capaz de comemorar a felicidade alheia do fundo do coração. Ela também pode se tornar capaz de contribuir ativamente para a felicidade do outro. O companheiro é aquele que está sempre disposto a ajudar o outro em momentos de necessidade.

Jovem: Humm...

Filósofo: Agora chegamos à parte importante. Quando você consegue sentir de verdade que as pessoas são suas companheiras, sua maneira de ver o mundo muda por completo. Você deixa de achá-lo um lugar perigoso e para de sofrer com dúvidas desnecessárias. O mundo começa a parecer um lugar seguro e agradável, e seus problemas de relacionamento diminuem bastante.

Jovem: Que pessoa feliz você é! Mas, sabe, isso tudo lembra um girassol. É o mesmo raciocínio do girassol que é bem irrigado e recebe sol diariamente. O problema é que uma planta que cresce na sombra não se desenvolve tão bem!

Filósofo: Você está retornando à etiologia (a atribuição de causas) outra vez.

Jovem: Sim, com certeza!

Criado por pais rigorosos, desde criança o jovem tinha sido oprimido e comparado com o irmão mais velho. Suas opiniões nunca eram ouvidas, e de vez em quando ele era alvo de comentários agressivos, como o de que era um péssimo irmão caçula. Incapaz de fazer amigos até na escola, o jovem passava o recreio na biblioteca, que se tornou seu único local de refúgio. Levou os primeiros anos de vida assim, como um verdadeiro refém da etiologia. Se não tivesse sido criado por aqueles pais, se não tivesse aquele irmão mais velho e se não tivesse estudado naquela escola, poderia ter tido uma vida mais promissora. O jovem vinha tentando conversar com toda a calma, mas nesse momento seus muitos anos de sentimentos contidos explodiram.

DA LUTA PELO PODER À VINGANÇA

JOVEM: Toda essa conversa sobre teleologia e coisa e tal é pura enganação! O trauma é uma realidade, e as pessoas não conseguem se libertar do passado. Tenho certeza de que você tem noção disso. Não podemos usar uma máquina do tempo para retornar ao passado. Enquanto o passado existe como passado, nós vivemos no presente, mas em contextos criados no passado. Se alguém tratasse o passado como algo que não existe, estaria negando toda a vida vivida. Você está insinuando que eu escolhi uma existência tão irresponsável?

FILÓSOFO: De fato, não se pode usar uma máquina do tempo nem voltar os ponteiros do relógio. Mas que tipo de sentido se atribui a acontecimentos passados? Essa é a tarefa dada a "você agora".

JOVEM: Então vamos conversar sobre "agora". Da última vez, você disse que as pessoas criam a emoção da raiva, certo? Disse também que esse é o ponto de vista da teleologia. Ainda não consigo aceitar essa ideia. Por exemplo, como você explicaria casos de raiva contra a sociedade ou o governo? Você diria que também são emoções forjadas para impor nossas opiniões?

FILÓSOFO: Claro que em certas ocasiões eu fico indignado diante dos problemas sociais. Mas eu diria que, em vez de um surto de emoção, trata-se de indignação baseada na lógica. Existe uma diferença entre raiva pessoal (ressentimento pessoal) e indignação com as contradições e injustiças da sociedade (indignação moral). A raiva pessoal passa rápido, já a indignação moral perdura. A raiva como expressão de um ressentimento pessoal não passa de uma ferramenta para fazer os outros se submeterem a você.

JOVEM: Está dizendo que ressentimentos pessoais e indignação moral são coisas diferentes?

FILÓSOFO: São completamente diferentes. Porque a indignação moral vai além dos nossos interesses pessoais.

JOVEM: Então vou perguntar sobre os ressentimentos pessoais. Com certeza, até você se zanga às vezes, certo? Vamos supor que alguém o xingue sem motivo. Você não ficaria irritado?

FILÓSOFO: Não, não ficaria.

JOVEM: Sem essa, seja honesto.

FILÓSOFO: Se alguém me xingasse na minha cara, eu refletiria sobre a meta oculta da pessoa. Ainda que você não seja diretamente agressivo, quando se sentir zangado diante das palavras ou da conduta de outra pessoa, leve em conta que ela está desafiando você para uma luta pelo poder.

JOVEM: Uma luta pelo poder?

FILÓSOFO: Isso. Por exemplo, uma criança provocará um adulto com várias travessuras e má-criações. Em muitos casos, fará isso para chamar atenção, mas vai parar antes de deixar o adulto zangado de verdade. Mas, se ela não para antes de o adulto ficar irritado, sua meta é entrar numa briga.

JOVEM: Por que ela iria querer se meter numa briga?

FILÓSOFO: Ela quer vencer. Quer provar seu poder vencendo.

JOVEM: Não entendi. Pode me dar exemplos mais concretos?

FILÓSOFO: Digamos que você e um amigo estão conversando sobre a situação política atual. Em pouco tempo, o bate-papo vira uma discussão acalorada, e nenhum dos dois está disposto a aceitar diferenças de opinião, até que, em determinado momento, a discussão descamba para ataques pessoais: um diz que o outro é estúpido e por causa dele o país não muda, esse tipo de coisa.

JOVEM: Se alguém me dissesse isso, eu não aturaria.

FILÓSOFO: Nesse caso, qual a meta da outra pessoa? É apenas discutir política? Não, não é. Na verdade, ela acha você insuportável e quer criticá-lo, provocá-lo e mostrar a superioridade dela. Se você se irrita, o momento que ela vinha esperando chegará, e de repente o relacionamento de vocês vai se transformar numa luta pelo poder. Não importa qual seja a provocação, você não pode morder a isca.

JOVEM: Discordo. Não há necessidade de evitar briga. Se alguém quer começar uma, não vejo problema em aceitar. Porque o outro sujeito é o culpado. Você pode atacar esse idiota – veja bem, atacar *com palavras*.

FILÓSOFO: Digamos que você vença a briga e seu adversário dê o braço a torcer. O fato é que a luta pelo poder não acabou aqui. Após a derrota, ele irá correndo para o estágio seguinte.

JOVEM: O estágio seguinte?

FILÓSOFO: O estágio da vingança. Embora tenha recuado por enquanto, ele vai tramar uma vingança e vai reaparecer com um ato de retaliação em outra situação e de outra forma.

JOVEM: Como o quê, por exemplo?

FILÓSOFO: A criança oprimida pelos pais recorrerá à delinquência. Deixará de ir à escola. Cortará os pulsos ou se envolverá em outros atos de autoflagelação. Na etiologia freudiana, isso é considerado simples causa e efeito: os pais a criaram assim, por isso ela cresceu para ser desse jeito. É como observar que uma planta não foi regada e por isso murchou. É uma interpretação fácil de entender. Mas a teleologia adleriana não faz vista grossa para a meta que a criança está ocultando: se vingar dos pais. Se ela se torna delinquente, deixa de ir à escola, corta os pulsos ou algo assim, os pais ficam transtornados. Entram em pânico e começam a morrer de preocupação com ela. Sabendo que isso vai acontecer, a criança começará a apresentar comportamentos problemáticos. Tudo isso para atingir a meta atual (se vingar dos pais), não porque está motivada por causas passadas (ambiente familiar).

JOVEM: Ela apresenta comportamentos problemáticos para contrariar os pais?

FILÓSOFO: Isso mesmo. Muitas pessoas devem ficar perplexas ao ver um filho cortar os pulsos e pensam: *Por que ele faria uma coisa dessas?* Mas imagine como as pessoas próximas da criança – os pais, por exemplo – se sentirão sabendo que o filho tentou cortar os pulsos. Se você refletir sobre isso, fica clara a meta por trás do comportamento.

JOVEM: A meta é a vingança?

FILÓSOFO: Exato. E, quando o relacionamento atinge o estágio da vingança, fica quase impossível para ambas as partes encontrar uma solução. Para evitar que isso aconteça, nunca se deve responder a uma luta pelo poder.

ADMITIR O ERRO NÃO É DERROTA

JOVEM: Então o que fazer quando alguém começa a disparar ataques pessoais? Apenas sorrir e aturar?

FILÓSOFO: Não, a ideia de que você está "aturando" prova que continua preso à luta pelo poder. Quando for desafiado para uma briga e sentir que é uma luta pelo poder, saia do conflito o mais rápido possível. Não responda à ação do outro com uma reação. É a única coisa que podemos fazer.

JOVEM: Mas será que é tão fácil assim não reagir à provocação? Em primeiro lugar, como você diria que eu devo controlar a raiva?

FILÓSOFO: Quando você controla a raiva, você a está "aturando", entende? Em vez disso, vamos descobrir um meio de resolver as coisas sem usar a emoção da raiva. Porque, afinal, a raiva é uma ferramenta. Um meio de atingir uma meta.

JOVEM: Essa é uma lição bem difícil de aprender.

FILÓSOFO: Primeiro, quero que você entenda que a raiva é uma forma de comunicação, e que é possível se comunicar sem usar a raiva. Podemos transmitir nossos pensamentos e intenções e ser aceitos sem necessidade de usar a raiva. Se você aprende a fazer disso uma prática, automaticamente a emoção da raiva deixa de aparecer.

JOVEM: E se alguém fizer falsas acusações ou comentários insultuosos contra mim? Mesmo assim eu não deveria ficar irritado?

FILÓSOFO: Acho que você ainda não entendeu. Não é que você não deva se irritar, só que não há necessidade de recorrer à ferramenta da raiva. Pessoas geniosas não têm pavio curto – apenas não sabem que existem ferramentas de comunicação eficazes diferentes da raiva. Por isso acabam dizendo coisas como "Eu estourei" ou "Ele teve um acesso de raiva". Acabamos contando com a raiva para nos comunicarmos.

JOVEM: Ferramentas de comunicação mais eficazes do que a raiva...

FILÓSOFO: Dispomos da linguagem. Podemos nos comunicar por ela. Acredite no poder da linguagem e na linguagem da lógica.

JOVEM: Se eu não acreditasse, com certeza não estaríamos tendo este diálogo.

FILÓSOFO: E tem mais uma coisa sobre as lutas pelo poder: em qualquer situação, por mais que você ache que tem razão, tente não criticar a outra parte com base nisso. Muitas pessoas caem nessa armadilha dos relacionamentos.

JOVEM: Por que não devo fazer isso?

FILÓSOFO: No momento em que alguém se convence de que está certo em um relacionamento, já entrou numa luta pelo poder.

JOVEM: Só porque você pensa que tem razão? Claro que não, isso é distorcer os fatos.

Filósofo: Quando eu afirmo que tenho razão, estou comunicando à outra pessoa que ela está errada. Nesse ponto, o foco da discussão muda da "correção das afirmações" para "o estado do relacionamento interpessoal". Em outras palavras, a convicção de que você tem razão leva ao pressuposto de que a outra pessoa está errada. Daí surge uma disputa, e você pensa: *Tenho que vencer*. É uma luta pelo poder.

Jovem: Humm...

Filósofo: Em primeiro lugar, corrigir alguém não tem nada a ver com vencer ou perder. Se você acha que tem razão, seja qual for a opinião da outra pessoa, a questão deve se encerrar imediatamente. O problema é que, a partir daí, muitas pessoas começam uma luta pelo poder e tentam obrigar o outro a se submeter a elas. Por isso acham que "admitir um erro" é "admitir uma derrota".

Jovem: Sim, isso é um fato.

Filósofo: Devido à mentalidade de não querer perder, a pessoa é incapaz de admitir o erro, por isso acaba escolhendo o caminho errado. Admitir erros, pedir desculpas, se afastar de lutas pelo poder – nada disso é derrota. Não se busca a superioridade competindo com outras pessoas.

Jovem: Então, quando você está obcecado por vencer, perde a capacidade de fazer as escolhas certas?

Filósofo: Sim. Isso reduz sua capacidade de julgamento, e tudo que você consegue ver é a vitória ou a derrota. Aí pega o caminho errado. Para começar a corrigir nossos erros e mudar de verdade, é preciso parar de pensar que tudo é competição, uma questão de vencer ou perder.

CUMPRINDO AS TAREFAS DA VIDA

JOVEM: Certo, mas ainda há um porém. É a afirmação de que "todos os problemas têm base nos relacionamentos interpessoais". Entendo que o sentimento de inferioridade seja uma preocupação criada a partir dos relacionamentos e tenha efeitos sobre nós. E vejo lógica na ideia de que a vida não é uma competição. Não consigo ver os outros como companheiros e, em algum lugar dentro de mim, penso neles como inimigos. Isso está bem claro. Mas o que me intriga é: por que Adler dá tanta importância aos relacionamentos? Por que chega ao ponto de dizer que *todos* os problemas são baseados neles?

FILÓSOFO: A questão dos relacionamentos interpessoais é tão importante que, por mais ampla que seja a abordagem, nunca parece suficiente. Da última vez, eu disse: "O que lhe falta é coragem de ser feliz." Você se lembra?

JOVEM: Eu não esqueceria mesmo que tentasse.

FILÓSOFO: Então por que você vê as outras pessoas como inimigas e por que não consegue pensar nelas como suas companheiras? É porque você perdeu a coragem e está fugindo de suas "tarefas da vida".

JOVEM: Minhas tarefas da vida?

FILÓSOFO: Sim. Este é um ponto crucial. Na psicologia adleriana, existem objetivos claros traçados para o comportamento e a psicologia do ser humano.

JOVEM: Que tipos de objetivos?

FILÓSOFO: Primeiro, existem dois objetivos para o comportamento: ser autossuficiente e viver em harmonia com a sociedade. Depois, os objetivos para a psicologia que respalda esses comportamentos são a consciência de que *eu tenho a capacidade* e a consciência de que *as pessoas são minhas companheiras.*

JOVEM: Só um minuto. Estou anotando... Então existem dois objetivos para o comportamento: ser autossuficiente e viver em harmonia com a sociedade. E existem dois objetivos para a psicologia que respalda esses comportamentos: a consciência de que *eu tenho a capacidade* e a consciência de que *as pessoas são minhas companheiras...* Ok, entendo que este é um tema crucial: ser autossuficiente como indivíduo enquanto se vive em harmonia com as pessoas e a sociedade. Parece de acordo com tudo o que discutimos até aqui.

FILÓSOFO: E esses objetivos podem ser alcançados se enfrentarmos o que Adler denomina "tarefas da vida".

JOVEM: O que são tarefas da vida?

FILÓSOFO: Vamos voltar à infância para pensar na palavra "vida". Durante a infância, somos protegidos pelos pais e podemos viver sem precisar trabalhar. Mas chega o momento em que devemos nos tornar autossuficientes. Não podemos depender dos pais para sempre, e, claro, também é preciso ser autossuficiente no sentido emocional e no sentido social. Também é preciso se engajar em alguma forma de trabalho – que não se limita à definição estrita de trabalhar em uma empresa. Além disso, no processo de crescimento, você começa a ter todo tipo de relacionamentos de amizade. Claro que a partir daí é possível desenvolver um relacionamento amoroso que pode até levar ao casamento. Caso isso aconteça, você começará um relacionamento matrimonial, e, se tiver filhos, nascerá um relacionamento entre pai e filho. Adler distinguiu três categorias de relacionamentos interpessoais que surgem desses processos: "tarefa do trabalho", "tarefa da amizade" e "tarefa do amor", e referiu-se a todas juntas como "tarefas da vida".

JOVEM: Essas tarefas são nossas obrigações como membros da sociedade? Ou seja, trabalho, pagamento de impostos, etc.?

FILÓSOFO: Não. Pense nelas somente em termos de relacionamentos. Quer dizer, a distância e a profundidade de nossos relacionamentos. Adler às vezes usava a expressão "três laços sociais" para enfatizar este ponto.

JOVEM: A distância e profundidade de nossos relacionamentos interpessoais?

FILÓSOFO: As tarefas da vida são os relacionamentos interpessoais que um indivíduo é obrigado a enfrentar ao tentar viver como um ser social. São realmente tarefas, pois não existe alternativa senão enfrentá-las.

JOVEM: Pode ser mais específico?

FILÓSOFO: Primeiro, vejamos a tarefa do trabalho. Não existe trabalho, qualquer que seja, que possa ser realizado sem a ajuda de alguém. Por exemplo, geralmente estou aqui no meu gabinete, escrevendo manuscritos para um livro. Escrever é um trabalho completamente autônomo que não posso pedir que alguém faça por mim. Mas, quando termino de escrever, surgem as figuras do editor e de muitos outros profissionais fundamentais para a realização do trabalho, desde pessoas que lidam com o projeto e a impressão do livro até o pessoal da distribuição e das livrarias. Um trabalho que possa ser realizado sem a cooperação de outras pessoas é, em princípio, impossível.

JOVEM: Em termos gerais, acho que sim.

FILÓSOFO: Entretanto, quando observamos os relacionamentos interpessoais do trabalho do ponto de vista da distância e da profundidade, podemos concluir que são os que apresentam menos obstáculos. Eles têm o objetivo comum de obter bons resultados, e isso é fácil de entender, portanto as pessoas podem cooperar umas com as outras ainda que nem sempre se deem bem – até certo ponto, elas não têm alternativa. Quando um relacionamento se forma somente com base no trabalho, volta a ser um relacionamento com um estranho quando o horário do expediente acaba ou a pessoa muda de emprego.

JOVEM: Sim, é verdade.

FILÓSOFO: E as pessoas que fracassam nesse estágio dos relacionamentos são jovens que nem estudam nem trabalham ou pessoas que vivem confinadas em casa e não saem por nada.

JOVEM: Hã? Espere aí! Você está dizendo que elas não procuram trabalhar porque querem evitar os relacionamentos interpessoais associados ao trabalho, e não porque simplesmente não querem trabalhar ou se recusam a realizar trabalhos braçais?

FILÓSOFO: Deixando de lado a questão de as pessoas estarem ou não conscientes disso, os relacionamentos interpessoais estão no núcleo das relações de trabalho. Por exemplo, um homem envia seu currículo para todas as vagas que encontra e até é entrevistado, mas recebe não atrás de não. Isso fere seu orgulho. Ele começa a refletir sobre qual o sentido de trabalhar se precisa passar por essas situações. Outro homem comete um erro grave no trabalho. A empresa vai perder uma fortuna por causa dele. Desesperado, como se tivesse mergulhado na escuridão, ele não consegue se imaginar indo para o trabalho no dia seguinte. Nenhum desses exemplos se refere ao trabalho em si se tornando desagradável. O desagradável é ser criticado ou repreendido nas relações de trabalho, ser rotulado como inábil, incompetente ou incapaz, e ter a dignidade ferida. Em outras palavras, tudo é uma questão de relacionamento interpessoal.

CORDÃO VERMELHO E CORRENTES RÍGIDAS

JOVEM: Vou deixar minhas objeções para depois. Agora, pode falar um pouco sobre a tarefa da amizade?

FILÓSOFO: É um relacionamento de amigo no sentido mais amplo, longe do trabalho, já que não tem a coação característica do local de trabalho. Esse é um relacionamento difícil de iniciar ou aprofundar.

JOVEM: Ah, dessa vez você acertou! Num lugar específico, como a escola ou o local de trabalho, você ainda consegue desenvolver um relacionamento, mas ele é superficial, limitado ao espaço. Tentar iniciar um relacionamento pessoal de amizade, ou encontrar um amigo num local fora da escola ou do trabalho, é extremamente difícil.

FILÓSOFO: Você tem alguém que chamaria de amigo íntimo?

JOVEM: Tenho um amigo, mas não sei se o chamaria de amigo íntimo.

FILÓSOFO: Comigo aconteceu a mesma coisa. Quando eu estava no ensino médio, nem sequer tentava fazer amizade e passava os dias estudando grego e alemão, absorto na leitura de livros de filosofia. Minha mãe se preocupou comigo e foi consultar o professor conselheiro de classe. Ele disse para ela: "Não precisa se preocupar. Ele não precisa de amigos." Essas palavras foram encorajadoras para minha mãe e para mim também.

JOVEM: Uma pessoa que não precisa de amigos? Quer dizer que no ensino médio você não tinha nenhum amigo?

FILÓSOFO: Bem, eu tinha um único amigo. Ele dizia: "Não há nada que valha a pena aprender numa universidade" e acabou não fazendo faculdade. Foi ser eremita e morou nas montanhas por vários anos, e ultimamente descobri que está trabalhando como jornalista no Sudeste Asiático. Não o vejo há décadas, mas tenho a impressão de que, se nos reencontrássemos, poderíamos nos relacionar como naquele tempo. Um monte de gente acha que quanto mais amigos você tem, melhor, mas tenho minhas dúvidas. Não existe valor algum no número de amigos ou de conhecidos que você tem. E este é um tema ligado à tarefa do amor, mas deveríamos estar pensando na distância e na profundidade do relacionamento.

JOVEM: Será que eu sou capaz de fazer amigos íntimos?

FILÓSOFO: Claro que é. Se você mudar, as pessoas à sua volta mudarão também. Não terão alternativa. A psicologia adleriana é uma psicologia para mudar a si mesmo, não para mudar os outros. Em vez de esperar que os outros mudem ou que a situação mude, você mesmo dá o primeiro passo.

JOVEM: Humm...

FILÓSOFO: O fato é que foi assim que você veio me visitar. E encontrei em você um jovem amigo.

JOVEM: Sou seu amigo?

FILÓSOFO: Sim. Nossas conversas não são um aconselhamento, e não temos um relacionamento de trabalho. Para mim, você é um amigo insubstituível. Não acha?

JOVEM: Eu sou seu... amigo insubstituível? Não, não vou pensar sobre isso agora. Vamos continuar conversando. E a última tarefa, a do amor?

FILÓSOFO: Imagine que essa tarefa é dividida em dois estágios: um, o que conhecemos como relacionamentos amorosos e, dois, relacionamentos com a família, especialmente entre pais e filhos. Já discutimos o trabalho e a amizade, mas, das três tarefas, é provável que a do amor seja a mais difícil. Quando um relacionamento de amizade se transforma em amor e os amigos se tornam namorados, o discurso e a conduta que eram naturais entre amigos talvez não sejam mais permitidos. Especificamente, um membro do casal pode acabar proibindo o outro de sair com amigos do sexo oposto. Em alguns casos, até falar ao telefone com alguém do sexo oposto já desperta ciúmes. A distância entre amizade e amor é bem próxima, e o relacionamento pode ser tão profundo que haja esse tipo de interferência.

JOVEM: Sim, acho que isso é inevitável.

FILÓSOFO: Mas Adler não aceita que um parceiro crie restrições para o outro. Se a outra pessoa parece feliz, você pode comemorar de verdade. Isso é amor. Relacionamentos em que as pessoas restringem uma à outra acabam desmoronando.

JOVEM: Espere, seu argumento pode levar à valorização da infidelidade. Porque, nesse caso, se um parceiro tem um caso e está feliz, em tese, você deve comemorar.

FILÓSOFO: Não, não me refiro a alguém tendo um caso. Reflita: o tipo de relacionamento que parece opressivo e forçado não pode ser chamado de amor, mesmo que haja paixão. Por outro lado, quando você pensa *Sempre que estou com esta pessoa, posso me comportar com toda a liberdade*, é porque pode realmente sentir amor. Você se sente calmo e à vontade com ela, não tem sentimento de inferioridade nem necessidade de exibir sua superioridade. Nisso consiste o verdadeiro amor. A restrição, por outro lado, é uma manifestação da mentalidade de tentar controlar seu parceiro e uma ideia baseada no sentimento de desconfiança. Você não acha natural e suportável ocupar um espaço com alguém que desconfia de você, acha? Como diz Adler: "Se duas pessoas querem viver juntas se dando bem, elas precisam se tratar como personalidades iguais."

JOVEM: Ok...

FILÓSOFO: O problema é que nos relacionamentos amorosos e matrimoniais, existe a opção da separação. Assim, um casal que vive junto há muitos anos pode se separar se a relação se tornar penosa. Já no relacionamento entre pai e filho, em princípio, isso não pode ocorrer. Se o amor romântico é um relacionamento ligado por um cordão vermelho, o relacionamento entre pais e filhos é ligado por correntes rígidas. E tudo o que você tem à mão é uma tesourinha. Esta é a dificuldade do relacionamento entre pai e filho.

JOVEM: O que fazer então?

FILÓSOFO: O que posso dizer neste estágio é: você não deve fugir. Por mais penoso que seja o relacionamento, você não deve evitar ou adiar o enfrentamento. Mesmo que, no fim, você vá cortá-lo com uma tesoura, primeiro precisa encará-lo. A pior coisa a fazer é ficar inerte diante da situação. É basicamente impossível viver a vida toda completamente só. Além disso, você só se torna um indivíduo em contextos sociais. É por isso que, na psicologia adleriana, a autossuficiência como indivíduo e a cooperação dentro da sociedade são considerados objetivos fundamentais. E como alcançar esses objetivos? Segundo Adler, é preciso vencer as três tarefas: do trabalho, da amizade e do amor. As tarefas dos relacionamentos interpessoais que qualquer pessoa precisa enfrentar.

O jovem continuava com dificuldade para entender o verdadeiro significado das tarefas.

NÃO SE DEIXE SEDUZIR PELA "MENTIRA DA VIDA"

JOVEM: Ah, agora tudo está ficando confuso de novo. Você disse que eu vejo as outras pessoas como inimigas, e não consigo pensar nelas como minhas companheiras, porque estou fugindo das minhas tarefas da vida. Mas o que isso significa?

FILÓSOFO: Vamos supor que você não goste do Sr. A porque ele tem alguns defeitos difíceis de perdoar.

JOVEM: Se você está procurando pessoas de quem não gosto, não faltam candidatos.

FILÓSOFO: Mas sua aversão pelo Sr. A não é porque você não consegue perdoar suas falhas. Você tinha a meta de não gostar do Sr. A antes de tudo e começou a procurar defeitos nele para satisfazer essa meta.

JOVEM: Que ridículo! Por que eu faria isso?

FILÓSOFO: Para evitar qualquer relacionamento com o Sr. A.

JOVEM: De jeito nenhum, isso está totalmente fora de questão. É óbvio que a ordem dos fatores é inversa. Ele fez alguma coisa que me desagradou, é por isso. Do contrário eu não teria motivo para desgostar dele.

FILÓSOFO: Não, você está errado, e é fácil perceber: basta imaginar um exemplo de separação. Às vezes, em um casal, uma pessoa começa a se irritar com tudo que a outra diz ou faz. Por exemplo, ela fica exasperada com o modo como o outro come, sente repulsa da aparência desleixada do parceiro, e até seu ronco a irrita, embora poucos meses antes nada disso a incomodasse.

JOVEM: Sim, soa familiar.

FILÓSOFO: A pessoa se sente assim porque, em algum momento, resolveu consigo mesma: *Quero terminar este relacionamento*. A partir daí, passou a procurar motivos para acabar com tudo. O parceiro não mudou nada. Foi o objetivo dela que mudou. Veja, as pessoas são criaturas extremamente egoístas, encontram falhas e defeitos nos outros quando querem. Mesmo que a pessoa perfeita aparecesse na sua frente, você não teria dificuldade em desencavar um motivo para não gostar dela. É por isso que o mundo pode se tornar um lugar perigoso a qualquer momento, e é sempre possível ver todo mundo como seu inimigo.

JOVEM: Então estou inventando falhas nos outros para evitar minhas tarefas da vida e, pior, para evitar relacionamentos? Além disso, ao considerar as outras pessoas minhas inimigas, eu estou fugindo?

FILÓSOFO: Exatamente. Adler falou sobre a situação em que as pessoas criam todo tipo de pretexto para evitar as tarefas da vida. Chamou de "mentira da vida".

JOVEM: Certo...

FILÓSOFO: Sim, é uma expressão dura. Você transfere a responsabilidade pela sua situação para outra pessoa, foge das suas tarefas da vida dizendo que tudo é culpa dos outros ou do seu ambiente. É exatamente o que acontece na história que contei da estudante com medo de corar. Você mente para si e para as pessoas à sua volta. Pensando bem, "mentira da vida" é uma expressão bem dura.

JOVEM: Mas como você pode concluir que estou mentindo? Você não sabe nada sobre o tipo de pessoas com quem convivo ou o tipo de vida que eu levo, sabe?

FILÓSOFO: É verdade, não sei nada sobre o seu passado. Nem sobre seus pais ou seu irmão mais velho. Só sei de uma coisa.

JOVEM: O quê?

FILÓSOFO: O fato de que foi você quem decidiu seu estilo de vida, e ninguém mais.

JOVEM: Ah!

FILÓSOFO: Se seu estilo de vida fosse determinado por outras pessoas ou pelo seu ambiente, com certeza seria possível transferir a responsabilidade. Mas somos nós que escolhemos nosso estilo de vida. Está claro quem é o responsável.

JOVEM: Você quer me condenar, mas está chamando as pessoas de mentirosas e covardes e dizendo que é tudo minha responsabilidade.

FILÓSOFO: Você não deve usar o poder da raiva para desviar o olhar. Este é um ponto bem importante. Adler nunca discute as tarefas da vida ou mentiras da vida em termos de bom e ruim. Não devemos discutir a moral ou o bem e o mal, mas a questão da coragem.

JOVEM: Lá vem você de novo falando em coragem!

FILÓSOFO: Pois é. Mesmo que você esteja evitando suas tarefas da vida e se prendendo às suas mentiras da vida, não é por ser uma pessoa malvada. Não se trata de ser condenado de um ponto de vista moralista. É apenas uma questão de coragem.

DA PSICOLOGIA DA POSSE À PSICOLOGIA DA PRÁTICA

JOVEM: Então, no fim das contas, você está falando sobre coragem? Da última vez, você disse que a psicologia adleriana é uma "psicologia da coragem".

FILÓSOFO: Devo acrescentar que a psicologia adleriana não é uma "psicologia da posse", mas uma "psicologia do uso".

JOVEM: Aí entra aquela sua afirmação anterior: "Não é aquilo com que nascemos, mas o uso que fazemos desse equipamento."

FILÓSOFO: Isso. Obrigado por lembrar. A etiologia freudiana é uma psicologia da posse, que acaba chegando ao determinismo. Já a psicologia adleriana é uma psicologia do uso, e é você quem toma as decisões.

JOVEM: A psicologia adleriana é uma psicologia da coragem e, ao mesmo tempo, uma psicologia do uso...

FILÓSOFO: Nós, humanos, não somos tão frágeis a ponto de estarmos à mercê dos traumas etiológicos (causa e efeito). Do ponto de vista da teleologia, nós escolhemos nosso caminho e nosso estilo de vida. Temos esse poder.

JOVEM: Mas, sendo bastante franco, não tenho autoconfiança para superar meu complexo de inferioridade. E você pode até dizer que se trata de uma mentira da vida, mas provavelmente eu nunca vou conseguir me libertar dele.

FILÓSOFO: Por que pensa assim?

JOVEM: Talvez o que você está dizendo esteja correto. Na verdade, tenho certeza de que está, e coragem é de fato o que me falta. Consigo aceitar a mentira da vida. Interagir com pessoas me assusta. Não quero me ferir em relacionamentos interpessoais. Também quero adiar as tarefas da vida. Por isso tenho todas essas desculpas preparadas. Sim, é tal como você diz. Mas o que você está explicando não seria uma espécie de espiritualismo? Tudo que você está dizendo é: "Você perdeu a coragem, você precisa recuperar a coragem." Não é diferente de alguém que acha que está dando um conselho quando se aproxima, dá um tapinha no seu ombro e diz "Se anima!", embora eu esteja fracassando exatamente porque não consigo me animar!

FILÓSOFO: Você está dizendo que gostaria que eu indicasse alguns passos específicos?

JOVEM: Sim, por favor. Eu sou um ser humano. Não sou uma máquina. Me disseram que me falta coragem, mas não posso simplesmente ganhar uma carga de coragem como se estivesse enchendo um tanque de combustível.

FILÓSOFO: Tudo bem. Mas já está tarde de novo, então vamos continuar outro dia.

JOVEM: Você não está fugindo, está?

FILÓSOFO: Claro que não. Da próxima vez, provavelmente vamos discutir a liberdade.

JOVEM: Não a coragem?

FILÓSOFO: Sim, será uma discussão sobre a liberdade, que é essencial ao falarmos de coragem. Por favor, reflita um pouco sobre o que é liberdade.

JOVEM: O que é liberdade... Ótimo. Estou ansioso pela próxima vez.

A TERCEIRA NOITE

Descarte as tarefas das outras pessoas

DUAS ANGUSTIANTES SEMANAS DEPOIS, O jovem fez outra visita ao gabinete do filósofo. *O que é liberdade? Por que as pessoas não conseguem ser livres? Por que eu não consigo ser livre? Qual é a verdadeira natureza daquilo que está me restringindo?* A tarefa que o filósofo tinha atribuído a ele era difícil, e parecia impossível achar uma resposta convincente. Quanto mais pensava, mais o jovem começava a perceber a própria falta de liberdade.

NEGUE O DESEJO DE RECONHECIMENTO

JOVEM: Você disse que hoje iríamos discutir a liberdade.

FILÓSOFO: Sim. Você teve tempo para pensar no que é a liberdade?

JOVEM: Sim, na verdade, pensei muito sobre o assunto.

FILÓSOFO: E chegou a alguma conclusão?

JOVEM: Bem, não consegui achar respostas. Mas achei isto... Não é uma ideia minha. Na verdade, encontrei a frase na biblioteca. É de um romance de Dostoiévski: "O dinheiro é a liberdade cunhada." O que acha? "Liberdade cunhada" não é uma expressão original? Mas, falando sério, fiquei fascinado por achar essa frase que capta bem a essência dessa coisa chamada dinheiro.

FILÓSOFO: Entendo. Claro que, falando em um sentido bem geral sobre a natureza daquilo que o dinheiro traz, poderíamos dizer que é liberdade. Esse é um comentário perspicaz. Mas você não chegaria ao ponto de dizer que "liberdade, portanto, é dinheiro", chegaria?

JOVEM: É exatamente como você diz. Provavelmente existe uma liberdade que pode ser alcançada com dinheiro. E tenho certeza de que essa liberdade é maior do que imaginamos. Porque, na verdade, satisfazemos todas as necessidades da vida através de transações financeiras. Mas podemos concluir que alguém que seja dono de uma grande riqueza pode ser livre? Acho que não. Gostaria de acreditar que não é esse o caso, e que valores humanos e a felicidade humana não podem ser comprados com dinheiro.

FILÓSOFO: Bem, digamos que você tenha alcançado sua liberdade financeira. E, embora tenha ficado rico, não encontrou a felicidade. Nesse momento, que problemas e privações você continuaria tendo?

JOVEM: Eu continuaria com problemas nos relacionamentos interpessoais, que você vem mencionando. Pensei muito sobre essa questão. Por exemplo, você pode ser muito rico, mas não ser amado por ninguém, não ter companheiros que possa chamar de amigos e não ter ninguém que goste de você. Isso traz uma enorme infelicidade. Outra coisa que não consigo tirar da cabeça é a palavra "compromissos". Todos estamos no meio desse emaranhado que chamamos de compromissos. Muitas vezes, temos que manter laços com pessoas com as quais não nos importamos ou precisamos aturar as oscilações de humor daquele chefe horrível. Mas, se você pudesse se libertar desses relacionamentos mesquinhos, imagine como tudo seria fácil! Mas ninguém consegue fazer isso. Aonde vamos, estamos cercados por outras pessoas, e somos indivíduos sociais, que existem em relações com outros. Não importa o que façamos, não conseguimos escapar da corda grossa dos nossos relacionamentos. Agora eu compreendo a afirmação de Adler: "Todos os problemas têm base nos relacionamentos interpessoais." Isso é um grande insight.

FILÓSOFO: Esse é um ponto crucial. Vamos nos aprofundar mais um pouco. O que em nossos relacionamentos está nos privando da liberdade?

JOVEM: No outro dia, você falou sobre pensarmos nos outros como inimigos ou companheiros. Você disse que, se alguém se torna capaz de ver os outros como companheiros, sua forma de ver o mundo também muda. Isso faz todo o sentido. Na última vez que nos encontramos, saí daqui totalmente convencido. Mas aí o que aconteceu? Pensei bem no assunto e percebi que certos aspectos dos relacionamentos não podem ser completamente explicados.

FILÓSOFO: Quais, por exemplo?

JOVEM: O mais óbvio é a existência dos pais. Nunca consegui pensar nos pais como inimigos. Durante a infância, especialmente, eles eram meus maiores guardiões, me criaram e me protegeram. Nesse aspecto, sou sinceramente grato. Mesmo assim, eles são rigorosos. Na última vez, contei a você que sempre me comparavam ao meu irmão mais velho e nunca ouviam o que eu tinha a dizer. Por outro lado, eles vivem dando palpite na minha vida, dizendo que eu deveria estudar mais, evitar fazer amizade com tais e tais pessoas, pelo menos entrar na faculdade, conseguir determinado emprego, e assim por diante. As exigências deles fazem eu me sentir muito pressionado e geram compromissos.

FILÓSOFO: E o que você acabou fazendo?

JOVEM: Me parece que, até começar a faculdade, nunca consegui ignorar as intenções dos meus pais. Eu ficava ansioso, o que era desagradável, mas o fato é que meus desejos sempre pareciam coincidir com os dos meus pais. Mas fui eu mesmo que escolhi onde trabalharia.

FILÓSOFO: Agora que você mencionou, acho que ainda não me falou sobre isso. Você trabalha em quê?

JOVEM: Trabalho na biblioteca da faculdade. Meus pais queriam que eu assumisse a gráfica do meu pai, como fez meu irmão. Por causa disso, desde que comecei na função de bibliotecário, nosso relacionamento tem sido um tanto tenso. Se, em vez de serem meus pais, eles fossem meus inimigos, provavelmente eu nem ligaria. Porque, por mais que tentassem interferir, eu poderia não me deixar afetar por isso. Mas, como eu disse, para mim pais não são inimigos. Se são ou não companheiros é outra questão, mas no mínimo não são o que eu chamo de inimigos. Nosso relacionamento é muito íntimo para eu poder simplesmente ignorar as intenções deles.

FILÓSOFO: Quando você decidiu qual faculdade cursar de acordo com o desejo dos seus pais, que tipo de emoção sentiu em relação a eles?

JOVEM: É complicado. Bateu um ressentimento, mas também tive uma sensação de alívio, porque, ao entrar na faculdade, eu poderia conseguir o reconhecimento deles.

FILÓSOFO: Com isso, você poderia fazer seus pais lhe darem o devido reconhecimento?

JOVEM: Vamos parar com essas perguntas repetitivas. Tenho certeza de que você sabe do que estou falando. É o chamado "desejo de reconhecimento". Em suma, são os problemas de relacionamento interpessoal. Nós temos a necessidade constante de reconhecimento dos outros. Isso acontece porque a outra pessoa não é um inimigo detestável, não acha? Então, sim, está certo: eu queria obter o reconhecimento dos meus pais.

FILÓSOFO: Entendo. Vamos falar de uma das premissas principais da psicologia adleriana sobre essa questão. A psicologia adleriana nega a necessidade de buscar o reconhecimento dos outros.

JOVEM: Ela nega o desejo de reconhecimento?

FILÓSOFO: Não há necessidade de ser reconhecido pelos outros. Na verdade, não se deve buscar o reconhecimento. Nunca é demais enfatizar este ponto.

JOVEM: Negativo! O desejo de reconhecimento é universal e motiva todo ser humano, não é?

NÃO VIVA PARA SATISFAZER AS EXPECTATIVAS DOS OUTROS

FILÓSOFO: O reconhecimento alheio é algo que deve causar satisfação. Mas é errado dizer que ser reconhecido é absolutamente necessário. Antes de tudo, para que alguém busca reconhecimento? Ou, para ser sucinto, por que alguém quer ser elogiado pelos outros?

JOVEM: É simples. É sendo reconhecido que você sente que tem valor. É pelo reconhecimento dos outros que você se torna capaz de eliminar os sentimentos de inferioridade. Você aprende a ter autoconfiança. Sim, é uma questão de valor. Acho que você mencionou da última vez que o sentimento de inferioridade é uma questão de julgamento de valor. Como nunca obtive o reconhecimento dos meus pais, vivi uma vida contaminada por sentimentos de inferioridade.

FILÓSOFO: Imagine um ambiente familiar. Digamos que você vem limpando a sujeira da rua em torno do prédio onde trabalha. O fato é que ninguém parece perceber. Ou, se percebe, ninguém mostrou reconhecimento pelo que você fez, nem mesmo disse uma palavra de agradecimento. Você continua recolhendo o lixo?

JOVEM: Essa é uma situação difícil. Acho que, se ninguém reconhece o que estou fazendo, eu poderia parar.

FILÓSOFO: Por quê?

JOVEM: Recolher o lixo é uma atitude que beneficia a todos. Se eu fizesse isso mas não recebesse nenhuma palavra de agradecimento, provavelmente perderia a motivação.

FILÓSOFO: Esse é o perigo do desejo de reconhecimento. Por que as pessoas buscam o reconhecimento das outras? Em muitos casos, isso é fruto da influência da educação baseada em recompensas e punições.

JOVEM: Educação baseada em recompensas e punições?

FILÓSOFO: Se você realiza a ação apropriada, é elogiado. Se realiza a ação imprópria, é punido. Adler era um grande crítico desse tipo de educação. Ela leva a estilos de vida equivocados, em que as pessoas pensam: *Se ninguém vai me elogiar, não vou fazer a ação apropriada* e *Se ninguém vai me punir, vou me envolver em ações impróprias.* Quando começa a recolher o lixo, você já tem a meta de querer receber elogios. E, se não for elogiado por ninguém, vai ficar indignado ou decidir nunca mais fazer a boa ação. Claramente existe algo errado nessa situação.

JOVEM: Não! Por favor, não banalize as coisas. Não estou discutindo sobre educação. É normal querer obter reconhecimento das pessoas de quem você gosta, ser aceito pelas pessoas à sua volta.

FILÓSOFO: Você está redondamente enganado. Veja bem, não vivemos para satisfazer as expectativas dos outros.

JOVEM: Como assim?

FILÓSOFO: Você não vive para satisfazer as expectativas das outras pessoas, nem eu. Isso não é necessário.

JOVEM: Que argumento egoísta! Você está dizendo que as pessoas devem pensar apenas em si mesmas e viver uma vida de hipocrisia?

FILÓSOFO: Nos ensinamentos do judaísmo existe um pensamento que diz mais ou menos o seguinte: se você não está vivendo a vida para si, quem irá vivê-la por você? Em última análise, vivemos pensando no "eu". Não há motivo para não pensarmos assim.

JOVEM: Você está sofrendo do veneno do niilismo. Está dizendo que vivemos pensando no "eu" e que isso está certo? Que maneira triste de pensar!

FILÓSOFO: Não é niilismo coisa nenhuma. Pelo contrário. Quando você busca o reconhecimento alheio e só se preocupa com o julgamento que vão fazer de você, acaba vivendo a vida das outras pessoas.

JOVEM: Pode explicar melhor?

FILÓSOFO: Quando você deseja muito ser reconhecido, acaba vivendo para satisfazer as expectativas das pessoas que querem que você seja isso ou aquilo. Em outras palavras, você joga fora quem realmente é e vive a vida alheia. E lembre-se: se você não vive para satisfazer as expectativas dos outros, as pessoas não vivem para satisfazer as suas. Alguém pode não agir do modo que você gostaria, mas você não deve se irritar com isso. É natural.

JOVEM: Não, não é! Esse argumento subverte as bases da nossa sociedade. A verdade é que nós temos o desejo de reconhecimento. Mas, para sermos reconhecidos, primeiro temos que reconhecer o outro. É reconhecendo as pessoas e outros sistemas de valores que somos reconhecidos. É com base nessa relação que nossa sociedade se forma. Seu argumento é uma forma de pensar detestável, perigosa, que leva o ser humano ao isolamento e ao conflito. É uma solicitação diabólica que estimula a desconfiança e a dúvida desnecessariamente.

FILÓSOFO: Você tem um vocabulário interessante. Não precisa elevar a voz – vamos pensar juntos. Você tem que obter reconhecimento, senão vai sofrer. Se não obtiver o reconhecimento dos outros e dos próprios pais, não terá autoconfiança. Uma vida assim pode ser saudável? Alguém pode pensar: *Deus está observando, portanto devo acumular boas ações.* Mas esta visão e a visão niilista de que "Deus não existe, logo todas as más ações são permitidas" são dois lados da mesma moeda. Mesmo supondo que Deus não exista e que não seja possível obter o reconhecimento divino, continuaríamos tendo de viver esta vida. Na verdade, é para superar o niilismo de um mundo sem Deus que precisamos negar o reconhecimento das outras pessoas.

JOVEM: Não me interessa esse papo sobre Deus. Pense de forma mais direta e objetiva sobre a mentalidade das pessoas reais, no dia a dia. E quanto ao desejo de ser socialmente reconhecido, por exemplo? Por que alguém quer ascender na hierarquia corporativa? Por que buscar status e fama? Pelo desejo de ser reconhecido como alguém importante na sociedade como um todo – o desejo de reconhecimento.

FILÓSOFO: Então, ao conseguir esse reconhecimento, você diria que encontrou a verdadeira felicidade? As pessoas que conquistaram status social se sentem felizes de verdade?

JOVEM: Não, mas isso...

FILÓSOFO: Ao tentarem obter o reconhecimento dos outros, quase todos enxergam o ato de satisfazer as expectativas alheias como um meio para esse fim. E isso corresponde à corrente de pensamento da educação por recompensa e punição, que prega que a pessoa deve ser elogiada caso realize a ação apropriada. Se, por exemplo, seu objetivo principal no trabalho é satisfazer as expectativas dos outros, esse trabalho será bem difícil, porque você viverá com medo de que as pessoas estejam observando e terá medo do julgamento delas. Com isso, vai reprimir sua individualidade. Você pode se surpreender com o que vou dizer, mas quase nenhum dos pacientes que buscam orientação psicológica *é* egoísta. Pelo contrário: eles estão sofrendo porque tentam satisfazer as expectativas alheias, de seus pais e professores. Por isso, não conseguem se comportar de maneira autocentrada.

JOVEM: Então eu deveria ser egoísta?

FILÓSOFO: É preciso ter consideração pelos outros. Para entender isso, você deve conhecer a ideia da psicologia adleriana chamada "separação de tarefas".

JOVEM: Separação de tarefas? Esse termo é novo. Fale sobre ele.

A irritação do jovem atingiu o ponto máximo. *Negar o desejo de reconhecimento? Não satisfazer as expectativas dos outros? Viver de forma autocentrada?* Que diabos o filósofo estava dizendo? O desejo de reconhecimento não é o maior motivador das pessoas para se associarem com as outras e formarem a sociedade? O jovem refletiu: *E se a ideia da "separação de tarefas" não me convencer? Não conseguirei concordar com este homem, ou mesmo com as ideias de Adler, pelo resto da vida.*

COMO SEPARAR TAREFAS

FILÓSOFO: Imagine uma criança com dificuldade para estudar. Não presta atenção na aula, não faz o dever de casa e até esquece os livros na escola. O que você faria se fosse pai dela?

JOVEM: Eu faria o possível para que ela estudasse. Contrataria professores particulares e a inscreveria em cursos, mesmo que precisasse arrastá-la até a sala de aula. Esse é o dever de um pai. Foi assim que fui educado. Eu só podia jantar depois de terminar o dever de casa.

FILÓSOFO: Então me deixe fazer outra pergunta. Com esse tratamento tão rigoroso, você aprendeu a gostar de estudar?

JOVEM: Infelizmente, não. Para mim aquilo não passava de rotina.

FILÓSOFO: Entendo. Tudo bem, vou falar sobre isso do ponto de vista básico da psicologia adleriana. Na psicologia adleriana nós perguntamos: "De quem é a tarefa?"

JOVEM: De quem é a tarefa?

FILÓSOFO: Se a criança estuda, se sai para brincar com os amigos. Basicamente, essas são tarefas do filho, não dos pais.

JOVEM: Você quer dizer que é algo que a criança deve fazer?

FILÓSOFO: Resumindo, sim. Não faz o menor sentido os pais estudarem no lugar da criança, certo?

JOVEM: Não, não faz.

FILÓSOFO: Estudar é tarefa da criança. Quando um pai obriga a criança a estudar, está cometendo um ato de intromissão na tarefa de outra pessoa. Dificilmente se evita um conflito assim. Precisamos sempre nos perguntar de quem é a tarefa e separar as nossas das tarefas das outras pessoas.

JOVEM: Como se faz isso?

FILÓSOFO: Não se intrometendo nas tarefas das outras pessoas. Simples assim.

JOVEM: Simples assim?

FILÓSOFO: Em geral, todos os problemas de relacionamento são causados pela nossa intromissão nas tarefas das outras pessoas ou pela intromissão alheia nas nossas tarefas. A separação é suficiente para mudar os relacionamentos da água para o vinho.

JOVEM: Não entendi. Em primeiro lugar, como saber de quem é a tarefa? Para mim, sendo realista, fazer o filho estudar é dever dos pais, porque quase nenhuma criança estuda só por prazer e, no fim das contas, os pais são responsáveis pelos filhos.

FILÓSOFO: Existe uma forma simples de saber de quem é a tarefa. Pense: *Quem vai acabar recebendo o resultado final causado pela escolha feita?* Quando a criança escolhe não estudar, o resultado final dessa decisão – não conseguir acompanhar a turma ou entrar na faculdade preferida, por exemplo – não deve ser recebido pelos pais. Claramente, é o filho quem deve arcar com as consequências disso. Em outras palavras, estudar é tarefa do filho.

JOVEM: Não, não. Você está completamente errado! O pai tem mais experiência de vida e age como um guardião. Ele é responsável por insistir em que o filho estude para que essas situações não aconteçam. Ele faz isso pelo bem da criança, e não para se intrometer. Estudar pode até ser tarefa do filho, mas fazer o filho estudar é tarefa dos pais.

FILÓSOFO: Hoje em dia é cada vez mais comum ouvir os pais usarem a frase: "É para seu próprio bem." Mas eles dizem isso para alcançar as próprias metas. Por exemplo: eles podem querer aparecer bem aos olhos da sociedade, se mostrar superiores ou simplesmente controlar o filho. Em outras palavras, não é pelo bem da criança, mas pelo bem dos pais. E é por sentir essa farsa que o filho se rebela.

JOVEM: Então você está dizendo que, mesmo que o filho não esteja estudando nada, como a tarefa é dele, devo deixá-lo em paz?

FILÓSOFO: É preciso prestar atenção. A psicologia adleriana não recomenda a abordagem da não interferência. Não interferência é a atitude de não saber e nem sequer ter interesse em saber o que o filho está fazendo. Pelo contrário, é sabendo o que o filho está fazendo que você o protege. Se o estudo é o problema, você diz ao filho que a tarefa é dele e deixa claro que está disposto a ajudar sempre que ele sentir vontade de estudar. Mas você não deve se intrometer na tarefa do filho. Quando nenhum pedido é feito, não se deve interferir nas situações.

JOVEM: Isso vai além do relacionamento entre pai e filho?

FILÓSOFO: Sim, claro. Na psicologia adleriana, por exemplo, não consideramos tarefa do psicólogo se o cliente muda ou não.

JOVEM: Como assim?

FILÓSOFO: Como resultado do trabalho, que tipo de decisão o paciente toma? Mudar o estilo de vida ou não. Isso é tarefa dele, e o psicólogo não deve interferir.

JOVEM: Negativo, não posso aceitar uma atitude tão irresponsável!

FILÓSOFO: Claro que o psicólogo oferece todo o apoio possível. Mas não se intromete além disso. Você pode mostrar a oportunidade, mas não pode obrigar ninguém a aceitá-la. Na psicologia adleriana, a orientação psicológica e todos os outros auxílios partem desse pressuposto. Forçar a mudança ignorando as intenções da pessoa só servirá para causar uma reação intensa.

JOVEM: Do ponto de vista adleriano, o psicólogo não muda a vida do cliente?

FILÓSOFO: Você é o único que pode mudar a si mesmo.

DESCARTE AS TAREFAS DAS OUTRAS PESSOAS

JOVEM: Então como ficam as pessoas confinadas dentro de casa? Por exemplo, alguém como meu amigo. Mesmo no caso dele, você diria que é uma questão de separação de tarefas, que não tem relação com os pais, e por isso ninguém deve interferir?

FILÓSOFO: Ele é capaz de sair do confinamento ou não? Ou melhor: de que maneira pode sair de dentro de casa? Em princípio, essa é uma tarefa que a própria pessoa deve resolver. Não cabe aos pais intervir. Mesmo assim, como não são estranhos a ele, provavelmente alguma forma de auxílio é necessária. A essa altura, o mais importante é saber se o filho é capaz de conversar francamente com os pais sobre o dilema que está vivendo e se eles têm desenvolvido uma relação de confiança forte o suficiente de forma regular.

JOVEM: Então, supondo que seu filho tenha se confinado, o que você faria? Responda à pergunta não como filósofo, mas como pai.

FILÓSOFO: Primeiro, pensaria: *Esta tarefa é do meu filho*. Tentaria não intervir na situação e evitar dar atenção excessiva a ela. Depois, passaria a mensagem de que estou pronto para ajudá-lo sempre que ele precisar. Desse modo, o filho sentiria uma mudança em seu pai. Com isso ele não teria alternativa senão assumir a tarefa de pensar sobre o que fazer. Provavelmente pediria ajuda em algumas coisas, mas tentaria resolver outras sozinho.

JOVEM: Você agiria de maneira tão decidida se seu próprio filho se tornasse recluso?

FILÓSOFO: Um pai sofrendo pelo relacionamento com o filho pode pensar: *Meu filho é minha vida.* Em outras palavras, ele está assumindo a tarefa do filho e não consegue pensar em mais nada além do filho. Quando percebe, o "eu" já desapareceu de sua vida. A questão é que, por maior que seja o peso que ele carregue por causa da tarefa do filho, o filho continua sendo um indivíduo independente. Ele não se torna o que os pais desejam que se torne. Não vai escolher a faculdade, o emprego, o cônjuge ou as ações cotidianas de acordo com o desejo dos pais. Claro que os pais vão se preocupar com ele e vez ou outra vão até querer interferir. Mas, como eu disse, as outras pessoas não vivem para satisfazer as suas expectativas. Embora o filho seja seu, ele não vai viver para satisfazer suas expectativas como pai.

JOVEM: Então, mesmo na família, é preciso haver limite?

FILÓSOFO: Na verdade, nas famílias a distância é menor, por isso é ainda mais necessário separar as tarefas com todo o cuidado.

JOVEM: Isso não faz sentido. Por um lado você está falando de amor, por outro está negando. Ao impor um limite entre você e a outra pessoa, você não consegue acreditar mais em ninguém!

FILÓSOFO: O ato de acreditar também é a separação de tarefas. Você acredita no seu parceiro: esta tarefa é sua. Mas a forma como essa pessoa age em relação às suas expectativas e à sua confiança é tarefa dela. Quando você impõe seus desejos sem impor limites, acaba se envolvendo numa intervenção invasiva. Suponha que seu parceiro não tenha agido como você desejava. Você ainda conseguiria acreditar nele? Ainda seria capaz de amá-lo? É dessas questões que trata a tarefa do amor.

JOVEM: Isso é difícil! Muito difícil...

FILÓSOFO: Claro que é. Mas pense da seguinte maneira: quando você intervém nas tarefas da outra pessoa e as assume, transforma sua vida em algo pesado e cheio de provações. Se você está vivendo uma vida de preocupações e sofrimento – que nascem dos relacionamentos interpessoais –, primeiro aprenda a se impor limites dizendo: "Daqui para a frente, esta tarefa será minha." Depois, descarte as tarefas da outra pessoa. Esse é o primeiro passo para aliviar a carga e tornar a vida mais simples.

COMO SE LIVRAR DE PROBLEMAS DE RELACIONAMENTOS INTERPESSOAIS

JOVEM: Não sei... isso não me parece certo.

FILÓSOFO: Imagine a seguinte situação: seus pais detestaram seu emprego. E, de fato, eles foram contra, não foram?

JOVEM: Sim, foram. Eu não diria que detestaram, mas fizeram alguns comentários depreciativos.

FILÓSOFO: Bem, vamos exagerar e dizer que detestaram. Seu pai reclamou aos gritos e sua mãe criticou sua decisão com lágrimas nos olhos. Eles não aprovam nem um pouco que você se torne bibliotecário, e se não assumir o negócio da família como seu irmão, podem até deserdá-lo. Mas a tarefa de aceitar a emoção de "não aprovar seu emprego" é dos seus pais, não sua. Não é um problema com o qual você deva se preocupar.

JOVEM: Espere aí: você está dizendo que não preciso me importar se deixo meus pais morrendo de tristeza?

FILÓSOFO: Isso mesmo. Não importa.

JOVEM: Você está de brincadeira! Pode existir uma filosofia que recomende um comportamento tão desnaturado do filho com relação aos pais?

Filósofo: Tudo que você pode fazer em relação à sua vida é escolher o melhor caminho em que acredita. Por outro lado, que tipo de julgamento as outras pessoas fazem dessa escolha? Isso é tarefa delas, e não uma questão na qual você possa interferir.

Jovem: O que outra pessoa pensa de você – se gosta ou não de você – é tarefa dela, não sua. É isso que está dizendo?

Filósofo: Isso é a separação de tarefas. Você se preocupa com outras pessoas olhando para você. Teme ser julgado. Por isso deseja o reconhecimento dos outros. Por que você se preocupa com o olhar dos outros? A psicologia adleriana tem uma resposta fácil: você ainda não está fazendo a separação de tarefas. Supõe que mesmo coisas que deveriam ser tarefas das outras pessoas são suas. Lembre-se das palavras da avó do meu amigo: "Só você se preocupa com sua aparência." O comentário dela atinge o cerne da separação de tarefas. O que as outras pessoas pensam quando veem o seu rosto é tarefa delas, você não tem qualquer controle sobre isso.

Jovem: Como teoria, entendo. Para o meu cérebro racional, faz sentido. Mas minhas emoções não conseguem acompanhar um argumento tão arrogante.

Filósofo: Então vamos enxergar a questão por outro ângulo. Digamos que um homem esteja angustiado com os relacionamentos interpessoais na empresa onde trabalha. Tem um chefe completamente irracional que berra a qualquer oportunidade. Por mais que o homem se esforce, seu chefe não reconhece seu empenho e nem sequer presta atenção no que ele diz.

Jovem: É igualzinho ao meu chefe.

Filósofo: Mas ser reconhecido pelo seu chefe é o "trabalho" que você deveria considerar prioridade número 1? Sua tarefa não é ser benquisto pelos colegas de trabalho. Seu chefe não gosta de você. E os motivos para isso são claramente absurdos. Mas nessa relação de trabalho você não precisa se tornar íntimo dele.

JOVEM: Parece certo, mas o cara é meu chefe, entende? Não vou conseguir fazer nada direito se o meu superior vive me dando foras.

FILÓSOFO: Eis a mentira da vida de novo, segundo Adler. Não consigo fazer meu trabalho porque meu chefe não gosta de mim. Não vou bem no trabalho por culpa do meu chefe. A pessoa que diz esse tipo de coisa está usando a existência do chefe como desculpa para o trabalho malfeito. Assim como a estudante com medo de corar, na verdade você precisa da existência de um chefe horrível. Porque aí pode dizer: "Se eu não tivesse este chefe, poderia produzir mais."

JOVEM: Não, você não conhece meu relacionamento com meu chefe! Por favor, pare de dar palpites arbitrários.

FILÓSOFO: Esta é uma discussão ligada aos fundamentos da psicologia adleriana. Se você está irritado, não vai entender nada. Você pensa: *Tenho este chefe, por isso não consigo trabalhar.* Isto é a etiologia em pleno funcionamento. Mas, no fundo, o pensamento é outro: *Não quero trabalhar, por isso vou criar um chefe horrível.* Ou: *Não quero reconhecer que sou incapaz, por isso vou criar um chefe horrível.* Esta seria a maneira teleológica de ver a coisa.

JOVEM: Provavelmente eu seria assim enquadrado na sua abordagem teleológica padrão. Mas meu caso é diferente.

FILÓSOFO: Então, supondo que você tenha feito a separação de tarefas, como seriam as coisas? Em outras palavras, por mais que seu chefe tente descontar em você a raiva irracional que sente, esta tarefa não é sua. Seu chefe precisa lidar sozinho com essas emoções irracionais. Não há necessidade de se tornar íntimo dele ou de se sujeitar completamente a ele. Você deve pensar: *O que devo fazer é enfrentar minhas próprias tarefas em minha própria vida sem mentir.*

JOVEM: Mas isso...

FILÓSOFO: Todos sofremos nos relacionamentos interpessoais. Pode ser com os pais ou o irmão mais velho, ou pode ser no local de trabalho. Da última vez, você disse que gostaria que eu indicasse alguns passos específicos. Ouça a minha proposta. Primeiro, pergunte-se: "De quem é esta tarefa?" Depois, faça a separação de tarefas. Com calma, demarque até onde vão suas tarefas e a partir de que ponto se tornam da outra pessoa. Em seguida, policie-se para não intervir nas tarefas da outra pessoa e não permita que ninguém intervenha nas suas. Este é um ponto de vista específico e revolucionário próprio da psicologia adleriana e contém o potencial de mudar totalmente os problemas de relacionamento.

JOVEM: Ah! Agora, sim, comecei a entender o que você quis dizer quando afirmou que o tema da discussão de hoje seria liberdade.

FILÓSOFO: Pois é. Estamos tentando falar de liberdade agora.

CORTE O NÓ GÓRDIO

JOVEM: Tenho certeza de que, se alguém conseguisse entender a separação de tarefas e colocá-la em prática, imediatamente seus relacionamentos interpessoais se libertariam. Mas ainda não posso aceitar essa ideia.

FILÓSOFO: Prossiga. Sou todo ouvidos.

JOVEM: Acho que, em teoria, a separação de tarefas é correta. O que as outras pessoas pensam de mim, ou que tipo de julgamento fazem a meu respeito, é tarefa delas, e não posso interferir nisso. E eu deveria fazer apenas o necessário na minha vida, sem mentir. Para você ter uma ideia de como concordo com isso, eu aceitaria se você dissesse que esta é uma verdade da vida. Mas pense: podemos dizer que esta é a coisa certa a fazer do ponto de vista ético ou moral? Ou seja, um estilo de vida que estabelece limites entre você e os outros. Nesse caso, será que você não estaria dispensando as outras pessoas e esbravejando "Você está se metendo onde não deve!" sempre que se preocupassem com você e perguntassem como está? Essa atitude me parece coisa de alguém que despreza a boa vontade dos outros.

FILÓSOFO: Você já ouviu falar de Alexandre Magno?

JOVEM: Alexandre Magno? Sim, aprendi sobre ele em História Geral.

Filósofo: Ele era um rei macedônio que viveu no século IV a.C. Quando estava avançando sobre o reino persa da Lídia, ficou sabendo que havia uma carruagem entronizada na acrópole. A carruagem tinha sido amarrada num pilar do templo por Górdio, o antigo rei, e uma lenda local dizia: "Quem desatar esse nó será o senhor da Ásia." Era um nó bem complicado. Muitos homens hábeis tinham certeza de que o desatariam, mas ninguém conseguiu. O que você acha que Alexandre Magno fez quando se viu diante do nó?

Jovem: Ele não desfez o nó com facilidade e se tornou o senhor da Ásia?

Filósofo: Não, não foi assim que aconteceu. Quando Alexandre Magno viu como o nó era firme, desembainhou a espada e cortou a corda com um golpe.

Jovem: Nossa!

Filósofo: Depois, dizem que declarou: "O destino não é feito pela lenda, e sim pela espada." Ele não dava valor ao poder da lenda e forjaria seu destino com a espada. Como você sabe, Alexandre Magno acabou se tornando o grande conquistador de todos os territórios atualmente correspondentes ao Oriente Médio e Oeste da Ásia. Essa é a famosa história do nó górdio. Esses nós intricados – os grilhões dos relacionamentos interpessoais – não devem ser desfeitos por métodos convencionais, mas cortados por uma abordagem completamente nova. Sempre que explico a separação de tarefas me lembro do nó górdio.

Jovem: Não quero contradizer você, mas nem todos podem se tornar Alexandre Magno. Não é exatamente pela falta de outra pessoa capaz de cortar o nó que essa história que retrata a atitude de Alexandre Magno como um feito heroico é transmitida até hoje? O mesmo acontece com a separação de tarefas. Mesmo sabendo que podemos cortar algo com a espada, isso pode ser difícil. Porque, quando alguém insiste na separação de tarefas, acaba tendo de cortar os laços, o que leva a pessoa ao isolamento. A separação de tarefas ignora por completo a emoção humana! Como é possível desenvolver bons relacionamentos assim?

FILÓSOFO: É possível. A separação de tarefas não é o objetivo final dos relacionamentos, apenas o portão de entrada.

JOVEM: O portão de entrada?

FILÓSOFO: Quando você está lendo um livro e aproxima o rosto demais do papel, não consegue ver nada. Da mesma maneira, formar bons relacionamentos requer certo grau de distanciamento. Quando a distância se torna curta demais e as pessoas grudam uma na outra, até falar com o outro se torna uma tarefa insuportável. Por outro lado, a distância também não pode ser grande. Pais que repreendem demais os filhos se tornam mentalmente muito distantes. Quando isso acontece, a criança não consegue mais sequer consultar os pais, e os pais não conseguem mais dar o auxílio apropriado. Devemos estar prontos a dar um empurrãozinho quando necessário, mas sem invadir o território da outra pessoa. É importante manter uma distância moderada.

JOVEM: A distância é necessária mesmo no relacionamento entre pais e filhos?

FILÓSOFO: Claro. Você disse que a separação de tarefas despreza a boa vontade dos outros. Essa é uma noção ligada à recompensa. É a ideia de que, quando outra pessoa faz algo por você, você precisa fazer algo em troca – ainda que ela não queira nada. Em vez de agir por boa vontade, você está apenas se esforçando para recompensar o outro. Não importa o apelo que a outra pessoa possa fazer, é você quem decide o que deve fazer.

JOVEM: A recompensa está na raiz do que estou chamando de "compromisso"?

FILÓSOFO: Sim. Quando a recompensa está na base de um relacionamento, existe uma sensação que brota na pessoa e diz: "Eu dei tanto, então você deve me dar tanto de volta." Claro que essa é uma noção bem diferente da separação de tarefas. Não devemos buscar a recompensa nem estar presos a ela.

JOVEM: Humm...

FILÓSOFO: Por outro lado, existem situações em que seria mais fácil intervir nas tarefas de outra pessoa sem fazer qualquer separação de tarefas. Por exemplo: você tem um filho pequeno e ele está tendo dificuldade para amarrar os sapatos. Para a mãe apressada, com certeza é mais cômodo amarrá-los do que aguardar que ele os amarre sozinho. Mas essa é uma intervenção que está retirando a tarefa do filho. E, quando você repete essa intervenção, o filho deixa de aprender e perde a coragem de enfrentar as tarefas da vida. Como diz Adler: "Crianças que não foram ensinadas a enfrentar os desafios tentarão evitar todos os desafios."

JOVEM: Mas esta é uma forma tão fria de pensar...

FILÓSOFO: Quando Alexandre Magno cortou o nó górdio, algumas pessoas provavelmente sentiram a mesma coisa: desatar o nó com as mãos era um gesto simbólico, e cortá-lo com a espada parecia um erro. Para eles, Alexandre não havia entendido o sentido das palavras do oráculo. Na psicologia adleriana, certos aspectos contrariam o pensamento social normal. Ela rejeita a etiologia e o trauma. Em vez disso, adota a teleologia. Trata os problemas das pessoas como problemas de relacionamento. E a ausência da busca de reconhecimento e da separação de tarefas provavelmente também são contrários ao pensamento social normal.

JOVEM: Impossível! Não consigo fazer isso!

FILÓSOFO: Por quê?

O filósofo havia começado a descrever a separação de tarefas, e a ideia deixou o jovem arrasado. Se alguém pensasse que todos os seus problemas estavam em seus relacionamentos interpessoais, a separação de tarefas seria eficaz. Com apenas esse ponto de vista, o mundo se tornaria bem simples. Mas faltava humanidade nele. Ali não havia nenhum calor humano. Alguém é capaz de aceitar uma filosofia dessas? O jovem se levantou da cadeira e se lamentou.

O DESEJO DE RECONHECIMENTO O ESCRAVIZA

JOVEM: Estou insatisfeito há séculos. Os adultos dizem aos jovens: "Faça algo que você goste de fazer." E dizem isso com um sorriso no rosto, como se de fato entendessem as pessoas, como se estivessem do lado dos jovens. Mas é tudo da boca para fora, e eles só dizem isso porque não conhecem esses jovens de verdade, por isso estão completamente livres de qualquer responsabilidade. Aí, pais e professores nos dizem: "Entre em tal faculdade" e "Procurem uma profissão estável". Esse conselho concreto e desinteressante não é uma simples intervenção. Na verdade, eles estão tentando cumprir suas responsabilidades. Como estamos intimamente ligados a eles e eles estão preocupados com nosso futuro, não podem dizer coisas irresponsáveis como: "Faça o que lhe dê prazer." Tenho certeza de que você também adotaria essa fachada compreensiva e me diria: "Por favor, faça algo que lhe dê prazer." Mas não vou acreditar nesse conselho! É completamente irresponsável, e parece que o adulto fala como se não fosse nada de mais, como se estivesse tirando uma lagarta da sua roupa. Mas, se o mundo esmagar a lagarta, ele vai dizer "Não é minha tarefa" e se afastar como se nem fosse com ele. Bela separação de tarefas, seu monstro!

FILÓSOFO: Nossa, você está se descontrolando. Então, em outras palavras, você está dizendo que quer que alguém intervenha até certo ponto? Que quer que outra pessoa decida seu caminho?

JOVEM: É, talvez eu queira! É o seguinte: não é tão difícil julgar o que os outros esperam de você, ou que tipo de papel está sendo exigido de você. Viver como você gosta, por outro lado, é extremamente difícil. O que você deseja? O que você quer se tornar? Que tipo de vida pretende viver? Nem sempre se tem uma ideia tão concreta das coisas. Achar que todos têm sonhos e objetivos claros é um erro grave. Não sabe disso?

FILÓSOFO: Talvez seja mais fácil viver satisfazendo as expectativas alheias, porque assim você confia a própria vida a elas. Por exemplo, imagine uma pessoa que segue o caminho traçado pelos pais. Mesmo que discorde de muitas coisas, ela não vai perder o rumo enquanto permanecer na trilha. Mas, se estiver decidindo o caminho por conta própria, é natural que se perca às vezes. A pessoa se depara com a barreira do "como se deve viver".

JOVEM: Por isso estou buscando o reconhecimento dos outros. Você estava falando sobre Deus antes, e, se ainda vivêssemos na época em que as pessoas acreditavam em Deus, talvez a máxima de que "Deus está vendo" poderia servir de critério para a autodisciplina. Se Deus desse o devido reconhecimento, talvez elas nem precisassem do reconhecimento alheio. Mas essa época se encerrou faz tempo. E, neste caso, elas não têm alternativa senão se disciplinar com base no fato de que outras pessoas estão observando, aspirar ao reconhecimento dos outros e viver uma vida honesta. Os olhos das outras pessoas são meu guia.

FILÓSOFO: Devemos escolher o reconhecimento alheio ou o caminho da liberdade sem reconhecimento? Esta é uma questão importante – vamos pensar nela juntos. Se você escolhe viver de acordo com o direcionamento dos outros, está sempre tentando avaliar os sentimentos das outras pessoas e preocupado com a visão que elas têm de você. Você vive para realizar desejos alheios. Sim, pode haver sinais guiando você pelo caminho, mas essa não é uma forma livre de viver. Por que você escolhe viver com tão pouca liberdade? Você usa o termo "desejo de reconhecimento", mas o que está realmente dizendo é que não quer ser detestado por ninguém.

JOVEM: E quem quer? Não existe ninguém, em lugar algum, que chegaria ao ponto de querer ser detestado.

FILÓSOFO: Sim. É verdade que não existe ninguém que queira ser detestado, mas reflita: o que você deve fazer para não ser detestado por ninguém? Só existe uma resposta: estar sempre avaliando os sentimentos das outras pessoas e jurando fidelidade a todas elas. Se existem 10 pessoas, você precisa jurar fidelidade às 10. Quando alguém faz isso, consegue não ser detestado por ninguém – temporariamente. Mas aí surge uma grande contradição. Você jura fidelidade às 10 pessoas porque tem o desejo sincero de agradar todas elas. É como um político populista que começou a fazer promessas impossíveis e a aceitar responsabilidades que não cabem a ele. Naturalmente, as mentiras acabam sendo reveladas em pouco tempo. Ele perde a confiança das pessoas e transforma a vida num grande sofrimento. E claro que a tensão de viver mentindo gera todo tipo de consequência. Entenda: se alguém vive para satisfazer as expectativas alheias e confia a vida aos outros, está mentindo para si e estendendo a mentira para incluir as pessoas à sua volta.

JOVEM: Então você deve ser egocêntrico e viver a vida do jeito que quiser, sem se preocupar em agradar ninguém?

FILÓSOFO: Separar as tarefas não é uma atitude egocêntrica. Por outro lado, intervir nas tarefas alheias é uma forma egocêntrica de pensar. Os pais forçam os filhos a estudar. Se metem na vida deles e dão palpite até na hora de escolherem com quem vão se casar. Isso sim é egocentrismo.

JOVEM: Então o filho pode ignorar as intenções dos pais e viver como bem entende?

FILÓSOFO: Não existe razão alguma para um indivíduo não viver a vida como gosta.

JOVEM: Além de niilista, você é um anarquista e hedonista. Estou me segurando para não cair na gargalhada.

FILÓSOFO: Um adulto que escolheu uma vida com pouca liberdade, ao ver um jovem vivendo livremente o aqui e agora, critica-o e o chama de hedonista. Claro que esta é uma mentira da vida que o adulto conta para aceitar sua vida sem liberdade. Um adulto que escolheu a verdadeira liberdade não fará esse tipo de comentário. Em vez disso, vai incentivar a vontade de ser livre.

JOVEM: Tudo bem. Então o que você está sustentando é que a questão aqui é liberdade, certo? Vamos ao ponto principal. Você vem usando a palavra "liberdade" o tempo todo, mas o que liberdade significa para você?

O QUE É A VERDADEIRA LIBERDADE

FILÓSOFO: Você reconheceu que não quer ser detestado por ninguém e disse: "Não existe ninguém, em lugar algum, que chegaria ao ponto de querer ser detestado."

JOVEM: Certo.

FILÓSOFO: Penso do mesmo modo. Não tenho nenhum desejo de ser detestado. Eu diria que "Ninguém chegaria ao ponto de querer ser detestado" é um bom insight.

JOVEM: Agradar os outros é um desejo universal!

FILÓSOFO: Mesmo assim, independentemente dos nossos esforços, existem pessoas que não gostam de mim e pessoas que não gostam de você. Isso também é um fato. Quando você é detestado ou sente que é detestado por alguém, que estado mental isso provoca?

JOVEM: Resumindo, fico bem angustiado. Tento imaginar por que não gostam de mim e o que fiz ou disse que possa ter sido ofensivo. Penso que deveria ter interagido com a pessoa de outra forma, fico morrendo de remorso e de culpa.

FILÓSOFO: Para nós, seres humanos, querer agradar é um desejo totalmente natural, um impulso. Kant, o gigante da filosofia moderna, chamou esse desejo de "inclinação".

JOVEM: Inclinação?

FILÓSOFO: Sim, são os desejos instintivos, os desejos impulsivos. Se alguém disser que viver como uma pedra rolando morro abaixo de modo que as inclinações, desejos ou impulsos assumam o controle à vontade é "liberdade", está equivocado. Viver desse jeito é apenas ser escravo de seus desejos e impulsos. A verdadeira liberdade é similar à atitude de empurrar morro acima a pedra que despencou.

JOVEM: Como assim?

FILÓSOFO: A pedra não tem poder. Quando começa a rolar morro abaixo, continua rolando até que não esteja mais sob o efeito das leis naturais da gravidade e da inércia. Mas nós não somos pedras. Somos seres capazes de resistir à inclinação. Podemos deter a queda do eu e subir o morro. O desejo de reconhecimento provavelmente é natural. Assim, você vai continuar rolando morro abaixo para obter reconhecimento dos outros? Vai continuar rolando e se desgastando até ficar com uma superfície uniforme? Quando tudo que resta é uma bolinha redonda, esse é o seu "verdadeiro eu"? Não pode ser.

JOVEM: Você está dizendo que resistir aos nossos instintos e impulsos é liberdade?

FILÓSOFO: Como já afirmei várias vezes, na psicologia adleriana pensamos que todos os problemas têm base nos relacionamentos interpessoais. Em outras palavras, buscamos nos libertar dos relacionamentos. Queremos ser livres deles. Porém, é absolutamente impossível viver sozinho no universo. Com base no que já discutimos, nossa conclusão sobre o que é liberdade deveria estar clara.

JOVEM: Qual é?

FILÓSOFO: Resumindo, liberdade é ser detestado por outras pessoas.

JOVEM: Hein? Como assim?

FILÓSOFO: Ser detestado prova que você está exercendo sua liberdade e vivendo em liberdade, é sinal de que está vivendo de acordo com os próprios princípios.

JOVEM: Mas...

FILÓSOFO: Claro que ser detestado é angustiante. O ideal é viver sem ser detestado por ninguém. As pessoas querem satisfazer o desejo de reconhecimento. Mas, quando você se comporta de forma a agradar todo mundo, passa a viver sem liberdade, e isso também é impossível. Exercer a liberdade tem um preço, e o preço da liberdade nos relacionamentos interpessoais é desagradar algumas pessoas.

JOVEM: Não! Isso está totalmente errado. Isso não pode ser chamado de liberdade. É uma forma diabólica de pensar para induzir as pessoas a fazer o mal.

FILÓSOFO: Você provavelmente vem pensando na liberdade como "libertação das instituições". Que romper com seu lar, sua escola, sua empresa ou sua nação é liberdade. Mas, se você rompe com a instituição, por exemplo, não consegue alcançar a verdadeira liberdade. A não ser que pare de se preocupar com os julgamentos das outras pessoas, não tenha medo de ser detestado e pague o preço de talvez nunca alcançar reconhecimento, você não conseguirá seguir sua própria forma de viver. Em outras palavras, não conseguirá ser livre.

Jovem: Ser detestado por outras pessoas – é isso que você está dizendo?

Filósofo: O que estou dizendo é: não tenha medo de ser detestado.

Jovem: Mas isso...

Filósofo: Não estou dizendo que você deve viver para ser detestado, nem estou recomendando que pratique o mal. Por favor, não entenda assim.

Jovem: Então vamos mudar a pergunta: as pessoas conseguem suportar o peso da liberdade? São tão fortes assim? Alguém consegue se tornar tão rebelde e arrogante a ponto de não se importar se for detestado pelos próprios pais?

Filósofo: Você não se prepara para ser arrogante, nem se torna arrogante. Apenas separa tarefas. Pode haver uma pessoa que não simpatize com você, mas isso não é tarefa sua. E, repetindo, pensar coisas como *Ele deveria gostar de mim* ou *Fiz de tudo, portanto é estranho que ele não goste de mim* é a forma de pensamento orientada para a recompensa de ter intervindo na tarefa da outra pessoa. Vá em frente, sem medo da possibilidade de ser detestado. Não viva como se estivesse rolando morro abaixo, e sim subindo a ladeira. Nisso consiste a liberdade do ser humano. Vamos supor que eu tenha duas opções à minha frente – uma vida em que todas as pessoas gostem de mim e outra em que algumas me detestem – e que tivesse de escolher uma. Eu escolheria a segunda sem pestanejar. Antes de me preocupar com o que os outros pensam de mim, quero seguir com meu próprio ser. Ou seja, quero viver em liberdade.

Jovem: Você é livre agora?

FILÓSOFO: Sim, sou livre.

JOVEM: Você não quer ser detestado, mas não se importa caso seja?

FILÓSOFO: É isso aí. "Não querer ser detestado" provavelmente é minha tarefa, mas se fulano me detesta ou não, isso é tarefa dele. Não estou aqui para agradá-lo. Se uma pessoa não simpatiza comigo, não posso intervir. Claro que você faz a sua parte, mas se o outro faz a dele ou não, isso não diz respeito a você.

JOVEM: Uma conclusão e tanto.

FILÓSOFO: A coragem de ser feliz também inclui a coragem de ser detestado e de agir sem se preocupar em satisfazer as expectativas dos outros. Quando você adquire essa coragem, seus relacionamentos ganham uma nova leveza.

VOCÊ DÁ AS CARTAS NOS RELACIONAMENTOS INTERPESSOAIS

JOVEM: Bem, eu nunca imaginaria que visitaria um filósofo para ouvir que devo ser detestado.

FILÓSOFO: Sei muito bem que engolir essa ideia não é nada fácil. Provavelmente você vai levar um tempo para mastigar e digerir. Se continuarmos avançando neste tema hoje, acho que você não vai conseguir memorizar. Por isso proponho conversar com você sobre outra coisa, uma questão pessoal relacionada à separação de tarefas, e depois encerrar por hoje.

JOVEM: Tudo bem.

FILÓSOFO: O assunto sobre o qual quero falar também tem a ver com os relacionamentos com os pais. O relacionamento com meu pai sempre foi instável, mesmo quando eu era criança. Minha mãe morreu quando eu tinha 20 anos sem que jamais tivéssemos nos envolvido em uma conversa de verdade, e depois disso o relacionamento com meu pai ficou cada vez mais tenso. Até que encontrei a psicologia individual e entendi as ideias de Adler.

JOVEM: Por que você tinha um relacionamento ruim com seu pai?

FILÓSOFO: O que trago na lembrança é a imagem de uma época em que ele batia em mim. Não me recordo do que eu fazia para provocar essa reação, só me lembro de me esconder sob uma mesa tentando ficar a salvo, mas ele me puxava e me batia forte. Isso aconteceu várias vezes.

JOVEM: O medo se tornou um trauma...

FILÓSOFO: Acho que, até conhecer a psicologia adleriana, era assim que eu pensava. Porque meu pai era uma pessoa melancólica, taciturna. Mas se eu penso: *Ele me batia, por isso nosso relacionamento ficou ruim*, estou recorrendo à etiologia freudiana. A posição teleológica adleriana inverte completamente a interpretação de causa e efeito. Ou seja, eu trouxe à tona a lembrança de ter sido espancado porque não quero que o relacionamento com meu pai melhore.

JOVEM: Então primeiro você tinha a meta de não querer que o relacionamento com seu pai melhorasse e não querer consertar as coisas entre vocês.

FILÓSOFO: Isso. Para mim, foi mais conveniente não consertar o relacionamento com meu pai. Eu poderia usar meu pai como desculpa para o fato de minha vida não andar bem. Para mim, aquilo foi uma virtude. Além disso, eu estava me vingando de um pai autoritário.

JOVEM: Era exatamente sobre isso que eu queria perguntar! Você inverteu causa e efeito – ou seja, foi capaz de se analisar e dizer: "Não é porque meu pai me batia que tenho um mau relacionamento com ele. Na verdade, eu trouxe à tona a lembrança das surras porque não quero que nosso relacionamento melhore." Mas então eu pergunto: em que isso muda as coisas? Não muda o fato de você ter sido espancado na infância, certo?

FILÓSOFO: Pode-se pensar que é uma "carta de relacionamento interpessoal". Enquanto uso a etiologia para pensar: *Tenho um relacionamento ruim com meu pai porque ele me batia*, não vou conseguir solucionar o problema. Mas se eu pensar: *Eu trouxe à tona a lembrança de ser espancado porque não quero que o relacionamento com meu pai melhore*, estarei segurando a "carta de consertar relacionamentos". Porque, mudando a meta, eu consigo consertar tudo.

JOVEM: Isso realmente conserta as coisas?

FILÓSOFO: Claro.

JOVEM: Tenho minhas dúvidas se você sente isso do fundo do coração. Eu entendo a teoria, mas o sentimento não me parece certo.

FILÓSOFO: Aí entra a separação de tarefas. Meu pai e eu de fato tivemos um relacionamento complicado. Ele era teimoso, e nunca imaginei que seus sentimentos pudessem mudar facilmente. Além disso, havia uma grande possibilidade de ele ter esquecido as surras. Porém, na época em que tomei minha resolução de consertar o relacionamento, não me importava qual estilo de vida meu pai tinha, o que ele pensava de mim ou o tipo de atitude que poderia adotar em reação à minha abordagem – na verdade, esses fatores não tinham a menor importância. Mesmo que ele não estivesse disposto a consertar o relacionamento, eu não me importava. A questão era se eu resolveria ou não seguir em frente com isso, se eu daria as cartas do relacionamento.

JOVEM: Você dá as cartas do relacionamento?

FILÓSOFO: Sim. Muitas pessoas acreditam que o outro é quem dá as cartas do relacionamento, por isso pensam: *Como tal pessoa se sente em relação a mim?* Com isso, acabam vivendo para satisfazer os desejos alheios. Mas, quando compreendem a separação das tarefas, percebem que elas é que dão. Esta é uma forma nova de pensar.

JOVEM: Então, a partir da sua mudança, seu pai mudou também?

FILÓSOFO: Eu não mudei para mudar meu pai. É uma ideia errônea tentar manipular outra pessoa. Ainda que eu mude, sou apenas "eu" quem muda. Não sei que resultado isso vai causar no outro e não posso participar desse aspecto. Claro que há ocasiões em que, *junto* com a minha mudança – e não *devido* à minha mudança –, a outra pessoa também muda. Em muitos casos, a pessoa não terá opção senão mudar. Mas essa não é a meta, e é bem possível que a outra pessoa não mude. De qualquer modo, mudar sua conduta para manipular outra pessoa é claramente uma forma errada de pensar.

JOVEM: Não se deve manipular outras pessoas, e a manipulação não pode ocorrer.

FILÓSOFO: Quando falamos de relacionamentos, parece que sempre vêm à mente o relacionamento entre duas pessoas ou o nosso relacionamento com um grupo, mas a verdade é que seu primeiro relacionamento é com você mesmo. Quando se está preso ao desejo de reconhecimento, as cartas do relacionamento estão sempre nas mãos dos outros. Você oferece as cartas da vida a outra pessoa ou prefere segurá-las? Em casa, reflita mais um pouco sobre as ideias de separação de tarefas e de liberdade. Estarei aguardando você aqui.

JOVEM: Tudo bem, vou pensar sobre elas.

FILÓSOFO: Ótimo, então...

JOVEM: Tem mais uma coisa que eu gostaria de perguntar.

FILÓSOFO: O quê?

JOVEM: No fim das contas, você conseguiu corrigir seu relacionamento com seu pai?

FILÓSOFO: Sim, claro. Acho que sim. Meu pai adoeceu e, nos últimos anos de sua vida, eu e minha família tivemos que cuidar dele. Um dia, quando eu estava cuidando dele como de costume, meu pai disse: "Obrigado." Eu não sabia que essa palavra fazia parte do vocabulário dele. Fiquei espantado e me senti grato por todos os dias que haviam decorrido. Durante os longos anos que passei cuidando dele, eu tinha tentado de tudo, quer dizer, tinha me esforçado ao máximo para mostrar a oportunidade ao meu pai. E, no fim, ele aceitou.

JOVEM: Bem, muito obrigado. Voltarei no mesmo horário.

FILÓSOFO: Eu que agradeço. Gostei da sua visita.

A QUARTA NOITE

Onde fica o centro do mundo

Essa passou perto – quase caí nessa história!, pensou o jovem.

Na semana seguinte, o jovem visitou o filósofo novamente e, com uma expressão irada, bateu na porta.

A ideia de separar tarefas é claramente útil. Você me convenceu da última vez. Mas parece um modo de vida tão solitário... Separar as tarefas e aliviar a carga de seus relacionamentos é o mesmo que cortar os laços com outras pessoas. E, para piorar, você quer que eu seja detestado pelos outros? Se é isso que você chama de liberdade, prefiro não ser livre!

PSICOLOGIA INDIVIDUAL E HOLISMO

FILÓSOFO: Você está parecendo um pouco melancólico hoje.

JOVEM: Desde nosso último encontro, venho pensando com toda a calma e cuidado sobre a separação de tarefas e a liberdade. Esperei minhas emoções se assentarem para depois raciocinar. Mas a separação de tarefas não me parece realista.

FILÓSOFO: Tudo bem. Por favor, prossiga.

JOVEM: Separar tarefas é basicamente uma ideia que se resume em definir um limite e dizer: "Eu sou eu, e você é você." Claro que com isso provavelmente existem menos problemas de relacionamento, mas você diria que é correto viver assim? Para mim, parece um individualismo extremamente autocentrado e equivocado. Quando vim aqui pela primeira vez, você me contou que a psicologia adleriana é também chamada de "psicologia individual". Esse termo vem me incomodando faz algum tempo, mas afinal descobri por quê: o que você está chamando de psicologia adleriana, ou psicologia individual, é essencialmente o estudo de um individualismo que leva as pessoas ao isolamento.

FILÓSOFO: O termo "psicologia individual", criado por Adler, de fato tem certos aspectos que podem levar a uma compreensão errada. Explico: em primeiro lugar, etimologicamente falando, a palavra "individual" tem o sentido de "indivisível".

JOVEM: Indivisível?

FILÓSOFO: Sim. Em outras palavras, é a menor unidade possível, portanto não pode ser decomposta. Ora, o que exatamente não pode ser dividido? Adler era contrário a qualquer tipo de sistema de valor dualista que tratasse a mente separada do corpo, a razão separada da emoção ou a mente consciente separada da inconsciente.

JOVEM: Qual o objetivo disso?

FILÓSOFO: Por exemplo, você se lembra da história da estudante que me procurou porque tinha medo de corar? Por que ela desenvolveu o medo de corar? Na psicologia adleriana, os sintomas físicos não são considerados de forma separada da mente (psique). Mente e corpo são vistos como uma coisa só, indivisível. Quando a tensão se instala na mente pode fazer braços e pernas tremerem ou o rosto enrubescer. Já o medo pode fazer o rosto empalidecer. E assim por diante.

JOVEM: Bem, com certeza, partes da mente e do corpo estão ligadas.

FILÓSOFO: O mesmo vale para razão e emoção, e para a mente consciente e a inconsciente. Uma pessoa normalmente controlada não espera surtar e começar a gritar com alguém. Não somos acometidos por emoções que existem independentemente de nós. Cada um de nós é um todo unificado.

JOVEM: Não, não é verdade. É exatamente por termos a capacidade de ver mente e corpo, razão e emoção, mente consciente e inconsciente como coisas distintas que obtemos uma compreensão correta das pessoas. Isso não é um fato?

FILÓSOFO: Claro que mente e corpo são coisas separadas, que razão e emoção são diferentes, e que tanto a mente consciente como a inconsciente existem. Mas, quando alguém tem um acesso e berra com outra pessoa, é o "eu como um todo" que está optando por berrar. Ninguém pensaria que emoções que existem independentemente – ou seja, sem relação com as outras intenções – podem produzir a voz que berra. Quando separamos o "eu" da "emoção" e dizemos *Foi a emoção que me fez fazer isto,* ou *A emoção tomou conta de mim e não pude evitar*, esse pensamento rapidamente se torna uma mentira da vida.

JOVEM: Você está se referindo à ocasião em que berrei com o garçom, não está?

FILÓSOFO: Sim. A visão do ser humano como um "eu como um todo", um ser indivisível que não pode ser decomposto, é chamada de "holismo".

JOVEM: Certo. Mas eu não estava pedindo uma teoria acadêmica para uma definição do "indivíduo". Veja bem, se você levar a psicologia adleriana à sua conclusão lógica, ela consiste basicamente em dizer "Eu sou eu, e você é você", levando as pessoas ao isolamento. A ideia é: "Eu não vou interferir nas suas coisas, portanto não interfira nas minhas, e vamos continuar vivendo como bem entendermos." Por favor, diga sinceramente o que acha deste ponto.

FILÓSOFO: Você compreende o princípio básico da psicologia adleriana que diz que "todos os problemas têm base nos relacionamentos interpessoais", certo?

JOVEM: Compreendo. A ideia da não interferência nos relacionamentos – ou seja, a separação de tarefas – provavelmente surgiu para resolver esses problemas.

FILÓSOFO: No nosso último encontro, acho que falei que, para formar bons relacionamentos, é preciso manter certo grau de distanciamento. Embora as pessoas que se aproximam demais acabem sem conseguir sequer se falar, também não é bom se afastar muito. Não pense que a separação de tarefas pretende afastar as pessoas. Pelo contrário: enxergue como uma forma de pensar que permite desembaraçar os fios complexos dos nossos relacionamentos.

JOVEM: Desembaraçar os fios?

FILÓSOFO: Exatamente. Neste momento, nossos fios estão embaraçados nos de outras pessoas. Está uma confusão, e você está vendo o mundo nesta condição. Vermelho, azul, marrom, verde, etc.: todas as cores estão se misturando. Você acha que é "conexão", mas não é.

JOVEM: Então, para você, o que é conexão?

FILÓSOFO: Da última vez, falei da separação de tarefas como uma receita para resolver os problemas de relacionamentos interpessoais. Mas eles não acabam só porque você separou as tarefas. A separação de tarefas é, na verdade, o ponto de partida para as relações. Hoje vamos aprofundar a discussão abordando como os relacionamentos interpessoais são vistos na psicologia adleriana e considerando que tipo de relacionamento devemos formar com os outros.

A META DOS RELACIONAMENTOS INTERPESSOAIS É A SENSAÇÃO DE COMUNIDADE

JOVEM: Muito bem, tenho uma pergunta. Por favor, dê uma resposta simples e direta. Você disse que a separação de tarefas é o ponto de partida dos relacionamentos. Qual é o objetivo deles?

FILÓSOFO: Indo direto ao ponto, é a "sensação de comunidade".

JOVEM: Sensação de comunidade?

FILÓSOFO: Sim. É um conceito-chave na psicologia adleriana, e os pontos de vista de sua aplicação têm sido o tema de muitos debates. Na verdade, o que Adler propôs como conceito de sensação de comunidade levou muitas pessoas a divergirem dele.

JOVEM: Parece fascinante. Como é esse conceito?

FILÓSOFO: Dois encontros atrás, acredito, abordei a questão de como uma pessoa enxerga as outras. Quer dizer, se são inimigas ou companheiras. Agora vamos aprofundar a ideia. Se as outras pessoas são nossas companheiras e vivemos cercados por elas, deveríamos ser capazes de encontrar nosso lugar de "refúgio". A partir daí, em tese, começaríamos a ter o desejo de compartilhar com nossos companheiros – de contribuir para a comunidade. A sensação de ter os outros como companheiros, a consciência de "termos nosso refúgio", é chamada de "sensação de comunidade".

Jovem: Mas qual parte disso está aberta a debate? Parece um ponto quase irrefutável.

Filósofo: A questão é a comunidade. Em que ela consiste? Quando você ouve a palavra "comunidade", quais imagens lhe vêm à mente?

Jovem: Existem referenciais como nosso lar, escola, escritório ou a sociedade local.

Filósofo: Quando Adler se refere a comunidade, vai além do lar, da escola, do ambiente de trabalho e da sociedade local. O conceito é mais abrangente, e inclui não apenas nações e toda a humanidade, mas todo o eixo do tempo, do passado ao futuro – e inclui também plantas, animais e até objetos inanimados.

Jovem: Hein?

Filósofo: Em outras palavras, ele defende que comunidade não é meramente um desses referenciais que a palavra pode trazer à mente, mas se estende a literalmente *tudo*: o universo inteiro, do passado ao futuro.

Jovem: Agora você me deixou confuso. O universo? Passado e futuro? De que você está falando?

Filósofo: A maioria das pessoas que ouvem o que eu acabei de dizer têm as mesmas dúvidas. Não é algo fácil de compreender. O próprio Adler reconheceu que a comunidade que estava defendendo era "um ideal inalcançável".

Jovem: Que desconcertante, hein? Que tal inverter? Você compreende e aceita essa sensação de comunidade – ou seja lá o que isso for – que inclui o universo inteiro?

FILÓSOFO: Eu tento. Porque acho que não dá para entender bem a psicologia adleriana sem compreender este ponto.

JOVEM: Tudo bem, então!

FILÓSOFO: Como venho dizendo o tempo todo, a psicologia adleriana sustenta que todos os problemas têm base nos relacionamentos interpessoais. Eles são a fonte da infelicidade. E podemos dizer o inverso: os relacionamentos são a fonte da felicidade.

JOVEM: Nisso eu concordo.

FILÓSOFO: Além do mais, a sensação de comunidade é o que mais importa para alcançar a felicidade nos relacionamentos interpessoais.

JOVEM: Continue.

FILÓSOFO: A sensação de comunidade também é chamada de "interesse social", ou seja, "interesse pela sociedade". Agora eu tenho uma pergunta: sabe qual a menor unidade da sociedade, do ponto de vista da sociologia?

JOVEM: A menor unidade da sociedade? Eu diria que é a família.

FILÓSOFO: Não, é "você e eu". Quando duas pessoas estão juntas, a sociedade emerge na presença delas, e a comunidade emerge ali também. Para compreender a sensação de comunidade a que Adler se refere, é aconselhável usar "você e eu" como ponto de partida.

JOVEM: E o que você faz tendo isso como ponto de partida?

FILÓSOFO: Você faz a mudança do apego ao eu (autointeresse) para a preocupação com outros (interesse social).

JOVEM: Apego ao eu? Preocupação com os outros? De que você está falando?

POR QUE SÓ ME INTERESSO POR MIM MESMO?

Filósofo: Bem, vejamos essa questão de maneira mais concreta. Para que tudo fique mais claro, em vez da expressão "apego ao eu" vou usar a palavra "autocentrado". Na sua opinião, que tipo de pessoa é um indivíduo autocentrado?

Jovem: Acho que a primeira coisa que me vem à mente é o tipo de pessoa que age como um tirano. Alguém dominador, que não está nem aí se incomoda os outros e só pensa as coisas em seu próprio proveito. Acha que o mundo gira em torno dele e se comporta como um ditador que governa com força e autoridade. É o tipo de pessoa que vive criando problemas para todos à sua volta. Alguém como o Rei Lear de Shakespeare, um típico tirano.

Filósofo: Entendo.

Jovem: Por outro lado, não seria necessariamente um tirano. O tipo de pessoa que perturba a harmonia de um grupo também pode ser considerado autocentrado. É incapaz de atuar num grupo e prefere agir sozinho. Nunca reflete sobre suas ações, mesmo quando se atrasa para um compromisso ou não cumpre suas promessas. Em suma, é um egoísta.

Filósofo: Realmente, esse é o tipo de imagem que costuma vir à mente quando pensamos numa pessoa autocentrada. Mas exis-

de casa simplesmente possuem locais de trabalho e papéis diferentes. São "iguais, mas não idênticos".

JOVEM: Concordo.

FILÓSOFO: Provavelmente, eles têm medo de que as mulheres se conscientizem da situação, comecem a ganhar mais do que os homens e, com isso, venham a se impor. Eles veem os relacionamentos interpessoais como verticais e temem ser vistos pelas mulheres como inferiores. Ou seja, têm um forte sentimento de inferioridade oculto.

JOVEM: Então, em certo sentido, estão adquirindo um complexo de superioridade e tentando ostentar suas habilidades?

FILÓSOFO: É o que parece. Em primeiro lugar, o sentimento de inferioridade é uma percepção que surge em relacionamentos verticais. Se alguém consegue desenvolver relacionamentos horizontais que sejam "iguais, mas não idênticos" para todos, não há lugar para complexo de inferioridade.

JOVEM: Talvez eu tenha consciência dessa manipulação em minha psique quando começo a elogiar outras pessoas. Recorrer à bajulação para cair nas graças do meu chefe – isso certamente é manipulação, não é? E o inverso também acontece. Eu tenho sido manipulado ao ser elogiado por outros. Que engraçado... Acho que sou exatamente esse tipo de pessoa!

FILÓSOFO: Como você não conseguiu romper com os relacionamentos verticais, é o que me parece.

JOVEM: Isso está ficando interessante. Por favor, prossiga.

A ABORDAGEM DO ENCORAJAMENTO

Filósofo: Como você deve se lembrar, na conversa sobre a separação de tarefas eu levantei o tema da intervenção. É o ato de se intrometer nas tarefas dos outros. Por que as pessoas fazem isso? No fundo, os relacionamentos verticais também estão em jogo. A pessoa intervém porque percebe os relacionamentos interpessoais como verticais e considera o outro inferior. Então ela intervém para tentar conduzir o outro na direção desejada. Ela se convenceu de que está certa e de que o outro está errado. Nesse caso, intervenção é manipulação pura e simples. Um exemplo típico é o dos pais que obrigam o filho a estudar. Eles podem agir com a melhor das intenções, mas no fundo estão se intrometendo e tentando manipular o filho para que vá na direção que desejam.

Jovem: Se alguém consegue desenvolver relacionamentos horizontais, a intervenção desaparece?

Filósofo: Sim.

Jovem: Bem, uma coisa é falar sobre os estudos de um filho. Mas quando você vê alguém sofrendo na sua frente não consegue deixar pra lá, consegue? Nesse caso você também diria que ajudar é intervir e, por isso, não faria nada?

Filósofo: Não se deve ignorar o sofrimento. É preciso oferecer uma ajuda que não se transforme em intervenção.

JOVEM: Qual é a diferença entre intervenção e auxílio?

FILÓSOFO: Lembre-se da nossa discussão sobre separação de tarefas e de quando falamos sobre o dever de casa de um filho. Como eu disse, essa é uma tarefa que o filho precisa resolver sozinho, e não que os pais ou professores possam fazer por ele. Intervenção é quando você se intromete nas tarefas alheias e dá ordens do tipo: "Você precisa estudar!" ou "Entre em tal universidade". O auxílio, por outro lado, pressupõe a separação de tarefas e relacionamentos horizontais. Quando você entende que estudar é tarefa do filho, começa a pensar no que pode fazer por ele. Concretamente falando, em vez de ordenar do alto que o filho precisa estudar, você atua sobre ele de modo que ganhe autoconfiança para cuidar dos próprios estudos e enfrentar sozinho suas tarefas.

JOVEM: E essa ação não é forçada?

FILÓSOFO: Não, não é. Sem forçar, e sempre mantendo a separação de tarefas, você auxilia o filho a resolvê-las com o esforço dele. É aquilo que eu já disse: você pode mostrar a oportunidade, mas não pode obrigar ninguém a aceitá-la. É ele quem precisa enfrentar as tarefas e tomar a decisão.

JOVEM: Então você não elogia nem repreende?

FILÓSOFO: Exato. Este tipo de auxílio baseado em relacionamentos horizontais denomina-se, na psicologia adleriana, "encorajamento".

JOVEM: "Encorajamento"? Você mencionou esse termo em alguma conversa anterior. Disse que explicaria melhor depois.

FILÓSOFO: Quando alguém não está realizando suas tarefas, não é por falta de habilidade. A psicologia adleriana ensina que o problema não é esse, mas simplesmente "falta de *coragem* de enfrentar as tarefas". Nesse caso, a primeira coisa a fazer é recuperar a coragem perdida.

JOVEM: Estamos andando em círculos! Isso é basicamente o mesmo que elogiar. Quando alguém é elogiado, se conscientiza de sua habilidade e recupera a coragem. Não seja teimoso: reconheça a necessidade de elogiar.

FILÓSOFO: Não vou reconhecer.

JOVEM: Por que não?

FILÓSOFO: O motivo é claro. Essas pessoas acreditam que não têm habilidade exatamente por *serem* elogiadas.

JOVEM: Como é que é?

FILÓSOFO: Quer que eu repita? Quanto mais você é elogiado, mais acredita que não tem habilidade. Faça um esforço para se lembrar disso.

JOVEM: Será que existem pessoas tão tolas a ponto de acreditar nisso? A lógica está invertida! É em consequência de ser elogiado que alguém se conscientiza de sua habilidade. Não é óbvio?

FILÓSOFO: Errado. Mesmo que você sinta prazer em ser elogiado, isso é o mesmo que ser dependente de relacionamentos verticais e reconhecer que você não tem habilidade. Porque um elogio é um julgamento feito por uma pessoa hábil sobre uma pessoa inábil.

JOVEM: Não consigo concordar com isso.

FILÓSOFO: Quando receber elogios se torna nosso objetivo, estamos escolhendo uma forma de vida alinhada com o sistema de valores de outra pessoa. Refletindo sobre sua vida até agora, você ainda não se cansou de tentar corresponder às expectativas dos seus pais?

JOVEM: Humm... Acho que sim.

FILÓSOFO: Primeiro, faça a separação de tarefas. Depois, aceitando as diferenças entre você e os outros, desenvolva relacionamentos horizontais. O encorajamento é a abordagem que vem a seguir.

COMO SENTIR QUE VOCÊ TEM VALOR

JOVEM: Concretamente falando, como devemos agir? Não se deve elogiar, não se deve repreender. Que outras opções existem?

FILÓSOFO: Pense numa ocasião em que recebeu ajuda no trabalho – não de um filho, mas de um colega igual a você – e você provavelmente verá a resposta de cara. Quando um amigo o ajuda a limpar a casa, o que você diz?

JOVEM: Digo: "Obrigado."

FILÓSOFO: Certo. Quando diz "Obrigado" ao colega de trabalho, você transmite palavras de gratidão. Você também pode exprimir toda a sua satisfação com um "Estou contente". Ou transmitir seu agradecimento dizendo: "Você ajudou bastante." Esta é uma abordagem de encorajamento baseada em relacionamentos horizontais.

JOVEM: Só isso?

FILÓSOFO: Sim. O mais importante é não julgar outras pessoas. Julgamento é uma palavra que nasce de relacionamentos verticais. Se você desenvolve relacionamentos horizontais, surgem palavras de gratidão, respeito e alegria mais diretas.

JOVEM: Seu argumento de que o julgamento é criado por relacionamentos verticais parece verdadeiro. Mas a palavra "Obrigado" é capaz mesmo de trazer de volta a coragem? Acho que, no fim das contas, eu prefiro ser elogiado, mesmo que esteja em um relacionamento vertical.

FILÓSOFO: Ser elogiado essencialmente significa ser julgado como "bom" por outra pessoa. E nesse caso a medida do que é bom ou ruim é critério dessa pessoa. Se você está atrás de elogios, precisará se adaptar aos critérios de outra pessoa e tolher a própria liberdade. Já a palavra "Obrigado" não contém nenhuma carga de julgamento. Em vez disso, é uma expressão clara de gratidão. Quando você ouve palavras de gratidão, sabe que deu uma contribuição a outra pessoa.

JOVEM: Então, mesmo sendo julgado como "bom" por outra pessoa, você não sente que deu uma contribuição?

FILÓSOFO: Exato. Este ponto também está associado à nossa discussão subsequente: na psicologia adleriana, existe uma forte ênfase na "contribuição".

JOVEM: Por quê?

FILÓSOFO: Bem, o que uma pessoa precisa fazer para ganhar *coragem*? Na visão de Adler, "uma pessoa só tem coragem quando é capaz de sentir que tem valor".

JOVEM: Quando é capaz de sentir que tem valor?

FILÓSOFO: Você se lembra de quando discutimos o sentimento de inferioridade? Eu falei que era uma questão de valor subjetivo. Se alguém sente que tem valor, pode se aceitar como é e ter coragem de enfrentar suas tarefas da vida. Assim, surge a questão: como alguém pode passar a sentir que tem valor?

JOVEM: Sim, é exatamente isso! Preciso que você me explique isso com muita clareza.

FILÓSOFO: É bem simples. Quando alguém é capaz de sentir que *é benéfico para a comunidade*, consegue ter uma sensação real de seu valor. Esta é a solução oferecida pela psicologia adleriana.

JOVEM: Benéfico para a comunidade?

FILÓSOFO: Sim, quando você consegue agir na comunidade, ou seja, sobre outras pessoas, e sentir que tem *utilidade para alguém*. Em vez de ser julgado por outra pessoa como "bom", você sente, através do seu ponto de vista subjetivo, que *pode dar contribuições a outras pessoas*. É nesse ponto que, enfim, podemos ter a sensação real do nosso valor. Tudo que temos discutido sobre sensação de comunidade e encorajamento se conecta aqui.

JOVEM: Isso está ficando meio confuso.

FILÓSOFO: Estamos chegando ao núcleo da discussão agora. Por favor, me acompanhe mais um pouco. É uma questão de ter preocupação com os outros, desenvolver relacionamentos horizontais e adotar a abordagem do encorajamento. Tudo isso está ligado à profunda consciência da vida que diz que "sou útil a alguém" e, por sua vez, à sua coragem de viver.

JOVEM: Ser útil a alguém. É para isso que vale a pena viver minha vida?

FILÓSOFO: Vamos fazer uma pequena pausa. Aceita um cafezinho?

JOVEM: Sim, por favor.

A discussão sobre a sensação de comunidade tinha se tornado confusa demais. Não se deve elogiar nem repreender. Todas as palavras usadas para julgar outras pessoas nascem de relacionamentos verticais, mas precisamos desenvolver relacionamentos horizontais. E só é possível ter uma consciência real do próprio valor quando você sente que é útil a alguém. Havia uma grande falha em algum ponto daquela lógica. O jovem sentiu isso instintivamente. Enquanto tomava o café, ele pensou em seu avô.

EXISTA NO PRESENTE

FILÓSOFO: Refletiu sobre o que conversamos?

JOVEM: Sim, aos poucos as coisas estão ficando mais claras. Acho que você não percebeu, mas agora mesmo disse algo realmente exagerado. Uma opinião perigosa, bem extrema, que nega tudo que existe no mundo.

FILÓSOFO: É mesmo? Qual?

JOVEM: A ideia de que só sendo útil a alguém você se conscientiza do seu valor. Nesse caso, o que você está dizendo é que, se você não é útil ao próximo, não tem valor, certo? Se tiramos disso a conclusão lógica, a vida dos bebês recém-nascidos, dos inválidos e dos idosos acamados não vale a pena ser vivida. Como isso é possível? Vamos falar sobre meu avô. Ele passa os dias na cama de um asilo. Sofre de demência, não reconhece nenhum filho ou neto e, por causa da doença, é incapaz de continuar vivendo sem ajuda constante. Não dá para imaginá-lo sendo útil a alguém. Você percebe que sua opinião equivale basicamente a dizer ao meu avô que pessoas como ele não estão aptas a viver?

FILÓSOFO: Rejeito completamente essa ideia.

JOVEM: Como?

FILÓSOFO: Alguns pais refutam minha explicação sobre o conceito de encorajamento dizendo: "Nosso filho vive aprontando, e nunca temos a chance de dizer 'Obrigado' ou 'Você me ajudou bastante'." O contexto é provavelmente o mesmo que você está mencionando, não é?

JOVEM: É. Então me diga: como você justifica isso?

FILÓSOFO: Você está observando a outra pessoa no nível dos atos. Em outras palavras, a pessoa está "fazendo algo". Desse ponto de vista, pode parecer que idosos acamados são apenas um estorvo e não servem para nada. Mas vamos ver as pessoas não no "nível dos atos", mas no "nível do ser". Quando evita julgar o que elas fizeram ou deixaram de fazer, você se alegra com o fato de estarem ali, com a existência delas, e se dirige a elas com palavras de gratidão.

JOVEM: Você se dirige à existência delas? Do que você está falando?

FILÓSOFO: Considerando as coisas no nível do ser, somos úteis e temos valor só por estarmos aqui. Isso é um fato indiscutível.

JOVEM: De jeito nenhum! Chega de piadinhas. Ser útil a alguém só por estar aqui... Isso deve ter saído de alguma religião nova.

FILÓSOFO: Suponha que sua mãe sofra um acidente de carro. Ela se encontra em estado grave, talvez correndo risco de morte. Num momento desses, você não pensa no que sua mãe fez ou deixou de fazer. Provavelmente vai ficar feliz se ela sobreviver e contente por ela estar reagindo.

JOVEM: Claro!

FILÓSOFO: É isso que significa ser grato no nível do ser. Talvez, em estado crítico, sua mãe não seja capaz de fazer nada que possa ser considerado uma ação, mas só por estar viva ela já está apoiando seu estado psicológico e o de sua família, portanto é útil. E podemos dizer o mesmo a respeito de você. Se sua vida estivesse em risco e suas chances de sobrevivência fossem baixas, as pessoas à sua volta provavelmente se sentiriam muito felizes pelo simples fato de você existir. Se sentiriam gratas por você estar a salvo no aqui e agora e não iriam querer que você realizasse qualquer ação direta. Não haveria motivo para pensarem assim. Portanto, em vez de pensar em si no nível das ações, antes de tudo o indivíduo se aceita no nível do ser.

JOVEM: Este é um exemplo extremo. A vida cotidiana é diferente.

FILÓSOFO: Não, é a mesma coisa.

JOVEM: O que há de semelhante? Tente me dar um exemplo do dia a dia. Senão fica difícil concordar com você.

FILÓSOFO: Sem problema. Quando olhamos para outras pessoas, costumamos conceber nossas próprias imagens ideais, que usamos como base para julgar o outro. Imagine, por exemplo, uma criança que nunca é malcriada com os pais, se destaca nos trabalhos escolares e nos esportes. Quando cresce entra para uma boa universidade e é contratada por uma grande empresa. Alguns pais vão comparar o filho com a imagem do filho ideal – que é uma ficção inatingível – e acabar insatisfeitos e cheios de queixas. Eles avaliam essa imagem idealizada como 100 pontos, olham para o filho e, a cada "defeito", subtraem pontos. Esta é uma forma de pensar "julgando". Os pais devem parar de comparar o filho a outra pessoa, vê-lo como realmente é e ficar contentes e gratos por ele existir. Em vez de subtrair pontos de uma imagem idealizada, devem começar do zero. Com isso, serão capazes de se dirigir à existência do filho.

JOVEM: Eu diria que essa é uma abordagem idealista. Você está dizendo que, mesmo que o filho mate aula, não trabalhe, se isole do mundo e não saia de casa, devemos comunicar nossa gratidão e dizer "obrigado"?

FILÓSOFO: Claro. Suponha que seu filho que se isolou do mundo de repente vá até a cozinha e ajude você a lavar a louça após uma refeição. Se você dissesse "Chega! Vá para a escola!", estaria usando as palavras dos pais que depreciam o filho com base numa imagem idealizada. Isso desencorajaria seu filho ainda mais. Por outro lado, se você conseguir dizer um simples "obrigado", seu filho sentirá que tem valor e dará um novo passo à frente.

JOVEM: Que papo absurdo! Isso é a maior hipocrisia! Parece o "amor ao próximo" pregado pelos cristãos. A sensação de comunidade, os relacionamentos horizontais, a gratidão pela existência, etc. Quem acredita nessa baboseira toda?

FILÓSOFO: Sobre a questão da sensação de comunidade, certa vez uma pessoa fez uma pergunta semelhante a Adler. A resposta foi: "Você precisa dar o primeiro passo. Talvez as outras pessoas não cooperem, mas isso não diz respeito a você. Meu conselho é: comece. Sem levar em conta se os outros são cooperativos ou não." Meu conselho é exatamente o mesmo.

AS PESSOAS NÃO CONSEGUEM USAR O EU APROPRIADAMENTE

JOVEM: Então eu devo dar o primeiro passo?

FILÓSOFO: Sim. Sem levar em conta se as outras pessoas são cooperativas ou não.

JOVEM: Tudo bem, vou perguntar de novo. "As pessoas podem ser úteis simplesmente estando vivas e tendo uma sensação real de seu valor." É isso que você está dizendo?

FILÓSOFO: É.

JOVEM: Bem, não sei. Eu estou vivo, aqui e agora. O meu verdadeiro "eu" está vivo bem aqui. Mesmo assim, não sinto que tenha valor.

FILÓSOFO: Pode descrever por que você não sente que tem valor?

JOVEM: Suponho que seja por causa daquilo que você vem chamando de relacionamentos interpessoais. Desde a infância, todos à minha volta sempre fizeram pouco de mim, especialmente meus pais, dando a entender que eu era um péssimo irmão caçula. Eles nunca tentaram me dar o devido reconhecimento pelo que sou. Você diz que o valor é algo que você atribui a si mesmo, mas isso não funciona na prática. Por exemplo, na biblioteca onde trabalho, minha função é basicamente separar os livros devolvidos e colocá-los de volta nas estantes corretas. Um trabalho rotineiro que qualquer um conseguiria fazer com treinamento. Se eu deixasse de ir ao trabalho, meu chefe não teria dificuldade em achar um substituto. Sou necessário apenas para o trabalho não qualificado que presto, e não importa se sou "eu" quem está trabalhando lá ou se é outra pessoa – ou, aliás, uma máquina. Ninguém está solicitando "este eu" em particular. Com um histórico desses, você conseguiria ter autoconfiança? Conseguiria ter uma sensação real de valor?

FILÓSOFO: Do ponto de vista da psicologia adleriana, a resposta é simples. Em primeiro lugar, desenvolva um relacionamento horizontal entre você e outra pessoa. Basta um. Comece daí.

JOVEM: Por favor, não me trate como um bobo! Eu tenho amigos e desenvolvo relacionamentos horizontais sólidos com eles.

FILÓSOFO: Mesmo assim, suspeito que, com seus pais, seu chefe, seus colegas de trabalho mais novos e outras pessoas, você esteja desenvolvendo relacionamentos verticais.

JOVEM: Claro, tenho diferentes tipos de relacionamentos. É assim com todo mundo.

FILÓSOFO: Esse é um ponto muito importante. A pessoa desenvolve relacionamentos verticais ou relacionamentos horizontais? É uma questão de estilo de vida, e os seres humanos não são espertos a ponto de conseguir ter estilos de vida diferentes disponíveis sempre que precisem mudar. Em outras palavras, decidir que você é "igual a essa pessoa" ou está "em um relacionamento horizontal com essa pessoa" não funciona.

JOVEM: Você está dizendo que é preciso optar entre uma coisa e outra: ter apenas relacionamentos verticais ou ter apenas relacionamentos horizontais?

FILÓSOFO: Com certeza. Se você desenvolve ainda que um só relacionamento vertical, antes que perceba estará tratando todos os seus relacionamentos interpessoais dessa forma.

JOVEM: Então até os relacionamentos com meus amigos são verticais?

FILÓSOFO: Isso. Mesmo que não seja uma relação do tipo "chefe e subordinado", é como se você estivesse dizendo: "A está acima de mim e B está abaixo de mim", "Vou seguir o conselho de A mas ignorar o que B diz" ou "Não vejo problema em quebrar minha promessa com C".

JOVEM: Humm...

FILÓSOFO: Por outro lado, desenvolver um relacionamento horizontal com ao menos uma pessoa – um relacionamento de igualdade no sentido real do termo – promove uma grande transformação no estilo de vida. Com essa conquista, aos poucos seus relacionamentos interpessoais se tornam horizontais.

JOVEM: Que bobagem! Existe um milhão de formas de desmentir isso. Pense no ambiente de uma empresa, por exemplo. Não seria nada viável o diretor e seus novos contratados formarem relacionamentos como iguais, seria? Os relacionamentos hierárquicos fazem parte do sistema da nossa sociedade, e ignorar esse fato é ignorar a ordem social. Se você descobrisse que um recém-contratado de 20 e poucos anos de repente virou amiguinho do diretor com mais de 60, não acharia esquisito?

FILÓSOFO: Claro que é importante respeitar os mais velhos. Na estrutura de uma empresa, é natural que existam diferentes níveis de responsabilidade. Não estou pedindo que você faça amizade com todo mundo ou se comporte como amigo íntimo da empresa inteira. O importante é ser igual na consciência e afirmar o que precisa ser afirmado.

JOVEM: Não sou capaz de discutir com meus superiores e jamais me passaria pela cabeça fazer uma coisa dessas. Meu bom senso social seria questionado se eu fizesse isso.

FILÓSOFO: O que são "superiores"? Em que consiste essa "discussão"? Se alguém está avaliando a atmosfera de uma situação e dependendo de relacionamentos verticais, está se envolvendo em atos irresponsáveis – está tentando evitar suas responsabilidades.

JOVEM: O que há de irresponsável nisso?

FILÓSOFO: Vamos supor que você siga as instruções do seu chefe e acabe fracassando. De quem é a responsabilidade?

JOVEM: Bem, seria responsabilidade do meu chefe. Porque eu estava apenas cumprindo ordens, e foi ele quem tomou as decisões.

FILÓSOFO: Você não tem nenhuma responsabilidade?

JOVEM: Não, nenhuma. A responsabilidade é de quem deu as ordens. Isso se chama responsabilidade organizacional.

FILÓSOFO: Você está errado. Isso é uma mentira da vida. *Existe* margem para você recusar, e também deveria haver para você propor uma forma mais eficaz de fazer as coisas. Você acha que não existe margem para recusar no intuito de evitar o conflito associado a essa mudança e evitar a responsabilidade. Está sendo dependente de relacionamentos verticais.

JOVEM: Você está dizendo que eu deveria desobedecer ao meu chefe? Claro que, em teoria, eu deveria fazer isso. E, em teoria, é exatamente como você diz. Mas na prática eu não consigo! Eu nunca seria capaz de desenvolver um relacionamento nesses moldes.

FILÓSOFO: Tem certeza? Você está desenvolvendo um relacionamento horizontal comigo agora. Está se afirmando muito bem. Em vez de pensar nesta ou naquela dificuldade, pode começar aqui.

JOVEM: Posso começar aqui?

FILÓSOFO: Sim, neste pequeno gabinete. Como eu disse, para mim você é um amigo insubstituível.

JOVEM:...

FILÓSOFO: Estou enganado?

JOVEM: Fico grato, de verdade. Mas tenho medo. Tenho medo de aceitar sua proposta.

FILÓSOFO: Medo de que exatamente?

JOVEM: Da tarefa da amizade, claro. Nunca fiz amizade com um homem mais velho como você. Não sei nem se é possível manter uma relação de amizade com alguém com tanta diferença de idade ou se é melhor considerar uma relação entre aluno e professor.

FILÓSOFO: A idade não importa no amor e na amizade. É verdade que a tarefa da amizade requer uma coragem constante. Quanto ao nosso relacionamento, podemos reduzir a distância pouco a pouco até alcançar um grau de distância em que não estejamos em contato muito próximo, mas possamos esticar o braço e tocar o rosto do outro, por assim dizer.

JOVEM: Por favor, me dê um tempinho. Só mais essa vez, preciso de um tempo para tentar entender as coisas sozinho. A discussão de hoje me deu muito material para pensar. Quero levar tudo isso para casa e refletir.

FILÓSOFO: Não é de uma hora para outra que você vai obter uma compreensão real da sensação de comunidade. Seria impossível entender tudo a respeito disso aqui e agora. Por favor, volte para casa e pense nisso com cuidado, com base em tudo que já discutimos.

JOVEM: Pode deixar. De qualquer modo, foi um golpe saber que nunca olho para os outros de verdade e que só me preocupo comigo mesmo. Você é realmente demais!

FILÓSOFO: Você diz isso de forma tão alegre...

JOVEM: Sim, adorei tudo. Claro que dói. É como uma dor aguda que me atravessa, como se eu estivesse engolindo agulhas, mas, mesmo assim, adorei. Acabei criando o hábito de ter essas discussões. Nesse meio-tempo, percebi que eu queria não só desmentir seu argumento, como o meu também.

FILÓSOFO: Entendo. É uma análise interessante.

JOVEM: Mas não esqueça: eu disse que iria desmentir seu argumento e fazer você se ajoelhar diante de mim e ainda não desisti.

FILÓSOFO: Obrigado. Também me diverti. Volte quando estiver pronto para retomar a discussão.

A QUINTA NOITE

Viva intensamente no aqui e agora

O JOVEM PENSOU CONSIGO MESMO: *A psicologia adleriana está envolvida em uma investigação meticulosa dos relacionamentos interpessoais. E o objetivo desses relacionamentos é a sensação de comunidade. Mas será que isso realmente basta? Será que existe algo mais que eu tenha vindo realizar no mundo? Qual o sentido da vida? Para onde estou indo e que tipo de vida estou tentando levar?* Quanto mais o jovem pensava, mais parecia que sua vida era minúscula e insignificante.

A AUTOCONSCIÊNCIA EXCESSIVA SUFOCA O EU

FILÓSOFO: Já faz um tempinho que você não aparece, não faz?

JOVEM: Sim, um mês. Desde então tenho refletido muito sobre a sensação de comunidade.

FILÓSOFO: E como se sente em relação a isso agora?

JOVEM: A sensação de comunidade é, sem dúvida, uma ideia atraente. A sensação de pertencimento, de que "é bom estar aqui", por exemplo, que possuímos como um desejo fundamental. Acho que é uma noção brilhante sobre nossa existência como criaturas sociais.

FILÓSOFO: É uma noção brilhante, porém...?

JOVEM: Engraçado, você entendeu de cara. Pois é, ainda tenho minhas dúvidas. Para ser direto, não tenho ideia do que você quer dizer quando fala do universo e essa coisa toda, por isso fico com a impressão de que isso tudo é religião. Existe um quê de seita religiosa que não consigo aceitar.

FILÓSOFO: Quando Adler propôs o conceito de sensação de comunidade, houve muita oposição desse estilo. As pessoas diziam que a psicologia deveria ser uma ciência, e ali estava Adler discutindo a questão do valor. Os críticos diziam que esse tipo de coisa não é ciência.

JOVEM: À minha maneira, tentei descobrir por que não conseguia entender o que você estava falando e agora penso que talvez a ordem das coisas possa ter sido o problema. Você fala de universo e objetos inanimados, passado e futuro e assim por diante, e isso me confunde. Em vez disso, deveríamos alcançar uma compreensão clara do "eu". Em seguida, analisar os relacionamentos interpessoais, entre "você e eu". Só depois disso é que a comunidade maior deve entrar em foco.

FILÓSOFO: Entendo. É uma boa ordem.

JOVEM: A primeira coisa que quero esclarecer é o apego a si mesmo. Você está dizendo que é preciso evitar o apego ao "eu" e mudar para a "preocupação com os outros". Tenho certeza de que é exatamente como você diz, que a preocupação com os outros é importante. Concordo. Mas, não importa o que aconteça, nós nos preocupamos conosco. Olhamos para o nosso umbigo o tempo todo.

FILÓSOFO: Você refletiu sobre o motivo pelo qual nos preocupamos conosco?

JOVEM: Sim. Se eu fosse narcisista, por exemplo – se estivesse apaixonado por mim e vivesse fascinado comigo mesmo –, talvez isso simplificasse as coisas. Porque eu sei que sua recomendação de que o indivíduo deve se preocupar mais com os outros é perfeitamente sensata. Mas não sou um narcisista que ama a si mesmo. Sou um realista que se odeia. Detesto quem eu sou, e é exatamente por isso que não paro de olhar para mim mesmo. Não tenho autoconfiança, daí minha autoconsciência excessiva.

FILÓSOFO: Em que momentos você sente que é excessivamente autoconsciente?

JOVEM: Bem, em reuniões, por exemplo, tenho dificuldade em levantar a mão e me fazer ouvir. Penso em coisas desnecessárias, como *Se eu fizer esta pergunta, vão rir de mim* ou *Se minha opinião for irrelevante, eles vão me ridicularizar*, por isso acabo me fechando. Confesso que hesito até na hora de contar piadinhas. Minha autoconsciência sempre entra em ação e me impede de ir em frente, como se eu estivesse numa camisa de força. Ela não me permite ser espontâneo. Nem preciso pedir sua resposta, porque, com certeza, será a mesma de sempre: tenha coragem. Mas, veja bem, essas palavras não servem para mim. Porque não é só uma questão de coragem.

FILÓSOFO: Entendo. Da última vez, dei um panorama da sensação de comunidade. Hoje vamos cavar mais fundo.

JOVEM: E aonde isso nos levará?

FILÓSOFO: Provavelmente chegaremos à pergunta: o que é felicidade?

JOVEM: Ah, quer dizer que a felicidade está além da sensação de comunidade?

FILÓSOFO: Nada de precipitar as respostas. Precisamos de diálogo.

JOVEM: Tudo bem, então. Vamos começar!

AUTOAFIRMAÇÃO NÃO, AUTOACEITAÇÃO SIM

FILÓSOFO: Em primeiro lugar, vamos refletir sobre o que você acabou de dizer: sua autoconsciência não deixa você se comportar de forma espontânea. Provavelmente muitas pessoas têm esse problema. Portanto, vamos voltar à fonte e pensar na sua meta. Quando você refreia seus comportamentos espontâneos, o que pode estar tentando alcançar?

JOVEM: O desejo genuíno de não ser motivo de piada, de não ser considerado um bobalhão.

FILÓSOFO: Em outras palavras, você não tem confiança no seu eu espontâneo, em você do jeito que é, certo? Aí se afasta do tipo de relacionamento em que poderia ser você mesmo. Mas aposto que em casa, sozinho, você canta em voz alta, dança ouvindo música e fala com uma voz animada.

JOVEM: Uau! É quase como se você tivesse instalado uma câmera de vigilância no meu quarto! Mas é verdade. Posso me comportar espontaneamente quando estou sozinho.

FILÓSOFO: Qualquer um pode se comportar como um rei quando está sozinho. Então esta é uma questão que deve ser analisada no contexto dos relacionamentos interpessoais, porque o problema não é a falta de um eu espontâneo. É não conseguir fazer as coisas na frente dos outros.

JOVEM: Bem, o que eu devo fazer, então?

FILÓSOFO: No fim das contas, é uma questão de sensação de comunidade. Concretamente falando, você deve fazer a mudança do apego ao eu (autointeresse) para a preocupação com os outros (interesse social) e adquirir uma sensação de comunidade. Três coisas são necessárias neste ponto: "autoaceitação", "confiança nos outros" e "contribuição para os outros".

JOVEM: Interessante. Novas palavras-chave. A que se referem?

FILÓSOFO: Vamos começar com a autoaceitação. Na primeira noite em que você veio aqui, eu citei a afirmação de Adler: "O importante não é aquilo com que nascemos, mas o uso que fazemos desse equipamento." Lembra?

JOVEM: Sim, claro.

FILÓSOFO: Não podemos descartar o receptáculo que é o "eu" nem substituí-lo. Mas o importante é "o uso que se faz desse equipamento". A pessoa muda a forma de encarar o "eu", ou seja, muda a forma de usá-lo.

JOVEM: Isso significa ser mais positivo e ter uma sensação mais forte de autoafirmação? Pensar em tudo de maneira mais positiva?

FILÓSOFO: Não há necessidade de fazer um esforço especial para ser positivo e se afirmar. Não é com a autoafirmação que estamos preocupados, mas com a autoaceitação.

JOVEM: Não autoafirmação, mas autoaceitação?

FILÓSOFO: Isso. Existe uma clara diferença. Autoafirmação é dar sugestões a si mesmo, do tipo "sou capaz de fazer isso" ou "sou forte", mesmo quando algo está além de sua capacidade. Essa ideia pode provocar um complexo de superioridade e até ser considerada um estilo de vida no qual você mente para si. Já no caso da autoaceitação, se você não consegue fazer algo, simplesmente aceita "seu eu incapaz" do jeito que é, segue em frente e faz o que consegue. Não é uma forma de mentir para si mesmo. Resumindo, digamos que você alcance 60%. Se você pensa: *Tive azar desta vez, meu verdadeiro eu faz 100%*, isso é autoafirmação. Por outro lado, na autoaceitação, você pensa: *Como eu faço para me aproximar dos 100%?*

JOVEM: Então, mesmo que você seja apenas 60%, não tem por que ser pessimista?

FILÓSOFO: Claro que não. Ninguém é perfeito. Você se lembra do que eu disse quando estava explicando a busca da superioridade? Que todas as pessoas estão nessa condição de querer melhorar? Invertendo as coisas, não existe uma pessoa que seja 100%. Todos devemos reconhecer isso.

JOVEM: Humm... O que você está dizendo soa positivo em vários aspectos, mas também tem um tom negativo.

FILÓSOFO: Aqui eu uso o termo "resignação afirmativa".

JOVEM: Resignação afirmativa?

FILÓSOFO: Isso também se aplica à separação de tarefas: a pessoa apura o que consegue mudar e o que não consegue. Ela não consegue mudar aquilo com que nasce, mas tem o poder de modificar o uso que faz desse equipamento. Nesse caso, só precisa se concentrar no que é capaz de mudar em vez de perder tempo focando o que não consegue. É isso que eu chamo de autoaceitação.

Jovem: O que se consegue mudar e o que não se consegue.

Filósofo: Isso. Aceitar o que é insubstituível. Aceitar "este eu" do jeito que é. E ter a *coragem* de mudar o que for possível. Isso é autoaceitação.

Jovem: Isso me faz lembrar uma frase do escritor Kurt Vonnegut: "Deus, conceda-me a serenidade para aceitar aquilo que não posso mudar, a coragem para mudar o que posso e a sabedoria para discernir entre ambos." Está no romance *Matadouro 5*.

Filósofo: Sim, conheço. É a Oração da Serenidade. Essas palavras são conhecidas e transmitidas há muitos anos pelos cristãos.

Jovem: Ele de fato usou a palavra *coragem*. Li o livro com tanta atenção que provavelmente o conheço de cor. Mas só agora percebi este ponto.

Filósofo: É verdade. A habilidade nós já temos. Falta apenas a *coragem*. Tudo se resume a *coragem*.

A DIFERENÇA ENTRE GARANTIA E CONFIANÇA

JOVEM: Algo nesta "resignação afirmativa" me soa pessimista. É deprimente pensar que o resultado de toda esta discussão prolongada é a resignação.

FILÓSOFO: Você acha? A resignação requer que você enxergue a situação claramente, com força e aceitação. Ter uma compreensão firme da verdade das coisas: isso é resignação. Não há nada de pessimista nisso.

JOVEM: Uma compreensão firme da verdade...

FILÓSOFO: Claro que, só porque você chegou à resignação afirmativa como sua autoaceitação, isso não significa que automaticamente encontrou a sensação de comunidade. Esta é a realidade. Quando você está mudando do apego ao eu para a preocupação com os outros, o segundo conceito-chave – confiança nos outros – se torna absolutamente essencial.

JOVEM: Confiança nos outros. Em outras palavras, *acreditar* nos outros?

FILÓSOFO: Vamos examinar a expressão "acreditar nos outros" pensando na diferença entre garantia e confiança. Primeiro, quando falamos de garantia, nos referimos a algo que vem com condições preestabelecidas. Isso está associado ao crédito.

Por exemplo, quando alguém quer pedir um empréstimo no banco, precisa oferecer uma garantia. O banco calcula o empréstimo com base no valor da garantia e diz: "Nós emprestaremos tanto." A atitude de quem diz "nós emprestaremos sob a condição de que você devolverá" ou "nós emprestaremos tanto quanto você consiga devolver" não é de confiança em alguém. Envolve uma garantia.

JOVEM: Bem, é assim que funciona o financiamento bancário.

FILÓSOFO: Por outro lado, do ponto de vista da psicologia adleriana, a base dos relacionamentos interpessoais não é a garantia, mas a confiança.

JOVEM: E o que significa "confiança" nesse caso?

FILÓSOFO: É agir sem quaisquer condições preestabelecidas quando se acredita nos outros. Mesmo sem motivos objetivos suficientes para acreditar em alguém, você acredita. Acredita incondicionalmente, sem se preocupar com garantias. Isso é confiança.

JOVEM: Acreditar incondicionalmente? Então voltamos à sua ideia tão adorada do amor ao próximo?

FILÓSOFO: Claro que, se alguém acredita nos outros sem impor nenhuma condição, vai haver ocasiões em que será passado para trás. Assim como o avalista de uma dívida, há ocasiões em que você pode sofrer prejuízos. A atitude de continuar acreditando em alguém mesmo nesses casos é o que chamamos de confiança.

JOVEM: Só alguém ingênuo faria isso. Acho que você acredita na bondade humana inata, enquanto eu acredito que o ser humano é mau por natureza. Se você acreditar incondicionalmente em estranhos, vão usar e abusar de você.

FILÓSOFO: E também há ocasiões em que você é enganado, usado. Mas veja do ponto de vista de alguém que foi passado para trás. Certas pessoas continuarão acreditando em você incondicionalmente mesmo que você as tenha passado para trás, não importa como são tratadas. Você seria capaz de trair uma pessoa que faça isso repetidas vezes?

JOVEM: Não. Isso seria...

FILÓSOFO: Tenho certeza de que você teria muita dificuldade em fazer isso.

JOVEM: Depois de tudo, você está dizendo que é preciso apelar para as emoções? Continuar mantendo a fé, como um santo, e afetar a consciência de outra pessoa? Está me dizendo que a moral não importa para Adler, mas não é exatamente sobre isso que estamos conversando aqui?

FILÓSOFO: Não, não é. O que você consideraria o oposto da confiança?

JOVEM: O antônimo de confiança? Humm...

FILÓSOFO: É a dúvida. Vamos supor que você tenha colocado a "dúvida" na base de seus relacionamentos. Que você viva duvidando das pessoas – dos seus amigos e até de familiares e daqueles que ama. Que tipo de relacionamento pode surgir daí? A outra pessoa vai detectar a dúvida em seus olhos num instante. Vai compreender por instinto que "esta pessoa não confia em mim". Você acha que alguém é capaz de desenvolver um tipo de relacionamento positivo a partir daí? Só é possível desenvolver um relacionamento profundo porque criamos uma base de confiança incondicional.

JOVEM: Tudo bem, acho que concordo.

FILÓSOFO: A forma de entender a psicologia adleriana é simples. Neste momento, você está pensando: *Se eu tivesse confiança incondicional em alguém, seria passado para trás.* Mas não é você quem decide se será ou não passado para trás. Esta tarefa é do outro. Você só precisa pensar: *O que eu devo fazer?* Se você diz a si mesmo: *Vou dar isto a ele se ele não me passar para trás*, está vivendo um relacionamento baseado em garantias e condições.

JOVEM: Então você separa as tarefas aqui também?

FILÓSOFO: Sim. Como já afirmei diversas vezes, a separação de tarefas torna a vida incrivelmente simples. Mas dou o braço a torcer em uma coisa: embora o princípio da separação de tarefas seja fácil de captar, é difícil colocá-lo em prática.

JOVEM: Então você está me dizendo para continuar confiando em todos, acreditando até nas pessoas que me enganam e sendo ingênuo? Isso não é filosofia, psicologia nem nada do gênero: é apenas pregação de um fanático!

FILÓSOFO: Discordo totalmente. A psicologia adleriana não diz que você deve "ter confiança incondicional" com base num sistema moralista de valores. A confiança incondicional é um meio de melhorar seu relacionamento com outra pessoa e desenvolver um relacionamento horizontal. Se você não deseja melhorar o relacionamento, é melhor rompê-lo, porque isso é tarefa sua.

JOVEM: E se eu depositasse minha confiança incondicional em um amigo para melhorar o relacionamento? Se eu não medisse esforços por ele, atendesse a todos os pedidos de dinheiro e não poupasse tempo nem empenho por esse amigo? Mesmo nesses casos, você pode ser passado para trás. Por exemplo, se alguém em quem eu acreditava piamente me passasse uma rasteira, essa experiência não me levaria a adotar um estilo de vida segundo o qual "outras pessoas são meus inimigos"?

FILÓSOFO: Parece que você ainda não compreendeu bem o objetivo da confiança. Vamos supor que você esteja num relacionamento amoroso, mas tenha certas dúvidas sobre sua parceira e pense: *Aposto que ela está me traindo.* A partir daí começa a fazer esforços desesperados em busca de indícios. O que você acha que aconteceria?

JOVEM: Acho que dependeria da situação.

FILÓSOFO: Não, em todos os casos você acharia vários indícios de que ela está traindo você.

JOVEM: Por quê?

FILÓSOFO: As observações casuais da sua parceira, o tom de voz que ela usa ao telefone, as ocasiões em que você não consegue localizá-la... A partir do momento em que você passa a olhar para ela com o filtro da dúvida, tudo à sua volta parecerá uma prova de que ela tem outro. Mesmo que não tenha.

JOVEM: Humm...

FILÓSOFO: Você só está preocupado com as situações em que foi passado para trás. Só se concentra na dor das feridas. Mas, se você está com medo de ter confiança nos outros, a longo prazo não será capaz de desenvolver nenhum relacionamento profundo.

JOVEM: Bem, vejo que você está chegando ao objetivo principal, que é desenvolver relacionamentos profundos. Mesmo assim, a verdade é que ser passado para trás é assustador, não acha?

FILÓSOFO: Se o relacionamento é superficial, quando desmorona a dor é breve. E a alegria que ele traz também. Quando alguém passa a confiar em outra pessoa e toma coragem de aprofundar o relacionamento, a alegria que brota de seus relacionamentos interpessoais pode aumentar, e sua alegria na vida em geral também.

JOVEM: Não! Não era disso que eu estava falando. Você está mudando de assunto de novo. De onde vem a coragem para superar o medo de ser passado para trás?

FILÓSOFO: Vem da autoaceitação. Se alguém consegue se aceitar como é e avaliar o que pode ou não pode fazer, compreende que "passar para trás" é tarefa da outra pessoa. Com isso, fica mais fácil chegar ao núcleo da "confiança nos outros".

JOVEM: Você está dizendo que passar alguém para trás é tarefa da outra pessoa, e não se pode fazer nada a respeito disso? Que eu deveria me resignar de uma forma afirmativa? Seus argumentos sempre ignoram as emoções. O que se faz com toda a raiva e a tristeza de ser passado para trás?

FILÓSOFO: Quando você está triste, deve deixar a tristeza agir. Quando você tenta escapar da dor e da tristeza, fica paralisado e não consegue desenvolver relacionamentos profundos. Pense da seguinte maneira: podemos acreditar e podemos duvidar, mas nosso objetivo é enxergar os outros como companheiros. Acreditar ou duvidar: a opção deve ser clara.

A ESSÊNCIA DO TRABALHO É A CONTRIBUIÇÃO PARA O BEM COMUM

JOVEM: Tudo bem. Vamos supor que eu alcance a autoaceitação e adquira confiança nos outros. Que tipo de mudanças haveria em mim?

FILÓSOFO: Primeiro, você aceita "este eu" insubstituível do jeito que é. Isso é autoaceitação. Depois, deposita confiança incondicional em outras pessoas. Se aceitando e confiando nos outros, o que as outras pessoas passam a ser para você?

JOVEM: Minhas companheiras?

FILÓSOFO: Exato. Na verdade, ter confiança nos outros está ligado a vê-los como companheiros. É por serem seus companheiros que você pode confiar neles. Quando você considera as outras pessoas suas companheiras, encontra refúgio na comunidade a que pertence e pode adquirir a sensação de pertencimento, de que "é bom estar aqui".

JOVEM: Em outras palavras, você está dizendo que para sentir que "é bom estar aqui" é preciso enxergar os outros como companheiros. E para ver os outros como companheiros você precisa ter confiança nos outros e autoaceitação.

FILÓSOFO: Exato. Agora você está entendendo mais rápido. Indo ainda mais longe, pode-se dizer que pessoas que veem os outros como inimigos não alcançaram a autoaceitação e não têm confiança suficiente nos outros.

JOVEM: Tudo bem. É verdade que as pessoas buscam a sensação de pertencimento, de que "é bom estar aqui". E, para isso, precisam ter confiança nos outros e autoaceitação. Não tenho objeção a isso. Mas não sei... Será que alguém alcança a sensação de pertencimento apenas vendo os outros como companheiros e tendo confiança neles?

FILÓSOFO: Claro que não basta ter confiança nos outros e autoaceitação para alcançar a sensação de comunidade. É neste ponto que o terceiro conceito-chave – contribuição para os outros – se faz necessário.

JOVEM: Contribuição para os outros?

FILÓSOFO: É agir, de certo modo, sobre seus companheiros. Tentar contribuir. Isso é "contribuição para os outros".

JOVEM: Então, quando você diz "contribuir", quer dizer mostrar espírito de autossacrifício e ser útil a quem está à sua volta?

FILÓSOFO: Contribuição para os outros não necessariamente implica autossacrifício. Adler chega a dizer que aqueles que sacrificam a vida pelo outro se conformam demais com a sociedade. E não esqueça que só temos consciência real de nosso valor quando sentimos que nossa existência e nosso comportamento são benéficos à comunidade, ou seja, quando sentimos que somos úteis a alguém. Lembra? Em outras palavras, longe de envolver a negação do "eu" e servir alguém, a contribuição para os outros é algo que você faz para ter consciência real do valor do seu "eu".

JOVEM: Contribuir para os outros é um ato em benefício próprio?

FILÓSOFO: Sim. Não há necessidade de sacrificar o eu.

JOVEM: Opa, agora seu argumento começou a ruir, não é? Você fez um ótimo trabalho em cavar a própria cova. Para satisfazer o "eu", a pessoa se torna útil aos outros. Isso não é a definição de hipocrisia? Como eu bem disse antes, toda a sua argumentação é hipócrita. É evasiva. Eu prefiro acreditar no vilão que é honesto a respeito de suas intenções a crer no mocinho que conta um monte de mentiras.

FILÓSOFO: Suas conclusões são precipitadas. Você ainda não entende a sensação de comunidade.

JOVEM: Então gostaria que você desse exemplos concretos do que considera contribuição para os outros.

FILÓSOFO: A contribuição para os outros mais fácil de ser compreendida provavelmente é o trabalho – estar em sociedade e aderir à força de trabalho ou realizar o trabalho de cuidar do próprio lar. O trabalho não é um meio de ganhar dinheiro. É pelo trabalho que você dá contribuições aos outros, se empenha por sua comunidade, sente que é útil e até aceita seu valor existencial.

JOVEM: Você está dizendo que a essência do trabalho é a contribuição para os outros?

FILÓSOFO: Claro que ganhar dinheiro também é um fator importante. É algo semelhante àquela citação de Dostoiévski que você mencionou: "O dinheiro é a liberdade cunhada." Mas certas pessoas têm tanto dinheiro que jamais conseguiriam gastar tudo. E muitas delas estão constantemente ocupadas com seus trabalhos. Por que se empenham tanto? Será que são movidas por uma ganância ilimitada? Não. Trabalham para contribuir para os outros e confirmar sua sensação de pertencimento, para terem a sensação de que "é bom estar aqui". Outro exemplo: muitas pessoas juntam uma fortuna e passam a concentrar as energias em obras de caridade. O objetivo delas é o mesmo: alcançar a sensação do próprio valor e confirmar para si mesmas que é bom estar ali.

JOVEM: Suponho que seja verdade. Mas...

FILÓSOFO: Mas o quê?

Autoaceitação: aceitar "este eu" insubstituível do jeito que é. Confiança nos outros: ter a confiança incondicional como base dos relacionamentos interpessoais em vez de semear a dúvida. O jovem considerou esses dois conceitos convincentes, mas ainda não tinha compreendido o de contribuição para os outros. *Se a contribuição precisa ser "para outras pessoas", então deve ser um terrível autossacrifício. Por outro lado, se a contribuição no fundo é "para você", então é o cúmulo da hipocrisia. Este ponto precisa ser esclarecido.* Num tom de voz decidido, o jovem continuou.

OS JOVENS CAMINHAM À FRENTE DOS VELHOS

JOVEM: Reconheço que certos aspectos do trabalho estão ligados à contribuição para os outros. Mas a lógica que diz que oficialmente você está contribuindo quando na verdade está agindo em benefício próprio não passa de hipocrisia. Como você explica isso?

FILÓSOFO: Imagine a seguinte cena. O jantar terminou em casa e ainda há louça na mesa. Os filhos foram para o quarto e o marido está sentado no sofá vendo televisão. Sobrou para a esposa lavar a louça e limpar tudo. Para piorar, a família acha isso normal e não move um dedo para ajudar. Nessa situação, normalmente a esposa pensaria: *Por que eles não me ajudam?* Ou *Por que preciso fazer todo o trabalho?* Mesmo que a família não agradeça, a mulher quer ser considerada útil. Em vez de pensar no que os outros podem fazer por ela, a mãe pensa no que pode fazer pelas outras pessoas e resolve pôr em prática. A simples sensação de contribuição vai fazer com que a realidade diante dela ganhe um tom completamente diferente. Se ela lava a louça resmungando, talvez ninguém queira ficar por perto, e todos acabem mantendo distância. Por outro lado, se faz tudo de bom humor, cantarolando, talvez as crianças apareçam para dar uma mãozinha. No mínimo, ela estará criando uma atmosfera mais propícia a receber ajuda.

JOVEM: Concordo, isso pode acontecer.

FILÓSOFO: Mas como ter uma sensação de contribuição nesse ambiente? A mãe tem porque vê os membros da família como companheiros. Do contrário, com certeza começaria a pensar: *Por que só eu faço isso?* ou *Por que ninguém vem me dar uma mão?* Contribuir para alguém que você considera inimigo, de fato, pode levar à hipocrisia. Mas se as outras pessoas são suas companheiras, isso nunca deveria ocorrer, independentemente de qual seja a contribuição. Você criou uma fixação na palavra hipocrisia porque ainda não entende a sensação de comunidade.

JOVEM: Sei...

FILÓSOFO: Para facilitar, até este ponto discuti a autoaceitação, a confiança nos outros e a contribuição para os outros, nessa ordem. Mas esses três fatores estão interligados como um todo indispensável numa espécie de estrutura circular. É por se aceitar tal como é que você tem "confiança nos outros" sem medo de ser passado para trás. E é por depositar confiança incondicional nos outros e sentir que as pessoas são suas companheiras que você consegue se engajar na "contribuição para os outros". Por fim, quando contribui, você adquire a consciência profunda de que é útil a alguém e se aceita como é. Está com as anotações que fez no outro dia?

JOVEM: Está falando da anotação sobre os objetivos apresentados pela psicologia adleriana? Ando com ela desde aquele dia. Vou ler. "Os dois objetivos para o comportamento: ser autossuficiente e viver em harmonia com a sociedade. Os dois objetivos para a psicologia que respalda esses comportamentos: a consciência de que *eu tenho a capacidade* e a consciência de que *as pessoas são minhas companheiras*."

FILÓSOFO: Se você sobrepuser o conteúdo desta anotação ao que temos discutido, vai obter uma compreensão mais profunda. Em outras palavras, "ser autoconfiante" e "a consciência de que *tenho a capacidade*" correspondem à nossa discussão sobre a autoaceitação. Além disso, "viver em harmonia com a sociedade" e "a consciência de que *as pessoas são minhas companheiras*" estão ligados à confiança nos outros e depois à contribuição para os outros.

JOVEM: Entendi. Assim, o objetivo da vida é a sensação de comunidade. Acho que vai levar um tempo para isso ficar claro na minha cabeça.

FILÓSOFO: Sim, deve levar. Como disse o próprio Adler: "Não é fácil compreender o ser humano. De todas as formas de psicologia, a psicologia individual é provavelmente a mais difícil de aprender e pôr em prática."

JOVEM: Nisso você acertou em cheio! Mesmo que a teoria seja convincente, é difícil pôr tudo em prática.

FILÓSOFO: Dizem até que, para entender a psicologia adleriana e aplicá-la para realmente mudar o estilo de vida, você precisa de "metade do número de anos já vividos". Em outras palavras, se começasse a estudá-la aos 40 anos, eu levaria 20 e só a compreenderia bem aos 60. Se começasse a estudar aos 20, levaria 10 anos e entenderia aos 30. Você ainda é novo. Começar num estágio tão prematuro da vida significa que talvez consiga mudar mais rápido, por isso tem uma vantagem sobre os adultos. De certa forma, você também está à frente de mim para se transformar e para criar um mundo novo. Perder o foco ou se perder no caminho é normal. Não dependa de relacionamentos verticais nem tenha medo de ser detestado, apenas siga em frente com liberdade. Se todos os adultos percebessem que os jovens estão caminhando à frente deles, tenho certeza de que o mundo sofreria uma mudança substancial.

JOVEM: Estou caminhando à sua frente?

FILÓSOFO: Com certeza. Caminhamos no mesmo terreno, e você está na minha frente.

JOVEM: Você é a primeira pessoa que conheço que diz algo assim a alguém com idade para ser seu filho.

FILÓSOFO: Gostaria que mais pessoas descobrissem e estudassem o pensamento de Adler. E que mais adultos aprendessem a respeito dele também. Porque as pessoas podem mudar, não importa a idade.

A COMPULSÃO PELO TRABALHO É UMA MENTIRA DA VIDA

JOVEM: Tudo bem, admito que não tenho a *coragem* de caminhar na direção da autoaceitação ou da confiança nos outros. Mas será que isso é culpa só do "eu"? Não seria um problema causado por outras pessoas, que me atacam e fazem acusações falsas a meu respeito?

FILÓSOFO: Na verdade, nem todas as pessoas são boas e virtuosas. Passamos por uma série de experiências desagradáveis em nossos relacionamentos. Mas, neste ponto crítico, precisamos entender uma coisa: em todos os momentos, "aquela pessoa" que ataca você é quem tem o problema, e não é verdade que todo mundo seja mau. Pessoas com estilos de vida neuróticos costumam encher seu discurso com palavras como "todos", "sempre" e "tudo". Vivem dizendo: "Todo mundo me odeia", "Sou sempre eu quem sai perdendo" ou "Está tudo errado". Se você tem o hábito de fazer essas generalizações, deve tomar cuidado.

JOVEM: Isso me soa familiar.

FILÓSOFO: Na psicologia adleriana, consideramos isso uma forma de viver sem "harmonia de vida". É uma forma de viver em que o indivíduo só vê uma parte das coisas, mas julga o todo.

JOVEM: "Harmonia de vida"?

Filósofo: Nos ensinamentos do judaísmo há a seguinte história: "Se existem 10 pessoas, uma delas irá criticá-lo, não importa o que você faça. Essa pessoa irá detestá-lo, e você não aprenderá a gostar dela. Em seguida, você vai encontrar duas com quem se dará bem em tudo, de cara, irá combinar perfeitamente. Vocês se tornarão amigos íntimos. As sete pessoas restantes não vão se encaixar em nenhum desses tipos." O que fazer? Se concentrar na pessoa que o detesta? Prestar mais atenção nas duas que o adoram? Ou se concentrar na maioria, as outras sete? Uma pessoa sem harmonia de vida verá apenas a pessoa que a detesta e julgará o mundo com base nela.

Jovem: Intrigante.

Filósofo: Certa vez, participei de um workshop para pessoas que sofriam de gagueira e seus familiares. Conhece alguém que gagueje?

Jovem: Sim, um garoto da escola onde estudei. Deve ser difícil lidar com isso, tanto para quem gagueja quanto para a família.

Filósofo: Por que é difícil lidar com a gagueira? Para a psicologia adleriana, as pessoas que sofrem de gagueira estão preocupadas apenas com a própria maneira de falar, têm sentimentos de inferioridade e consideram suas vidas insuportavelmente difíceis. Como resultado, se tornam autoconscientes e começam a tropeçar nas palavras cada vez mais.

Jovem: Elas só se preocupam com a própria maneira de falar?

Filósofo: É. Poucas pessoas ririam ou zombariam de alguém que tropeçasse nas palavras de vez em quando. Usando o exemplo que acabei de mencionar, provavelmente não seria mais de uma pessoa em 10. De qualquer modo, com o tipo de imbecil que toma uma atitude como essa, é melhor romper o relacionamento. O problema é que alguém sem harmonia de vida vai se concentrar apenas na pessoa que a detesta e acabará pensando: *Todos estão rindo de mim.*

JOVEM: Mas isso é da natureza humana!

FILÓSOFO: Faço parte de um grupo de leitura que se reúne regularmente, e um dos participantes tem gagueira. Ela se manifesta quando chega sua vez de ler. Mas ninguém do grupo é do tipo que riria dele. Todos ficam sentados em silêncio e, com toda a naturalidade, aguardam as palavras saírem. Tenho certeza de que esse fenômeno não ocorre só no meu grupo de leitura. Quando os relacionamentos não vão bem, a culpa não pode ser lançada na gagueira, no medo de corar, etc. Embora o verdadeiro problema seja o fato de que o indivíduo não alcançou a autoaceitação, não confia nos outros ou não é capaz de contribuir para os outros, ele está se concentrando apenas numa minúscula parte das coisas que não deveria ter a menor importância e, com base nisso, acaba formando julgamentos sobre o mundo inteiro. É um estilo de vida equivocado que carece de harmonia de vida.

JOVEM: Você transmitiu mesmo essa ideia grosseira a pessoas que sofrem de gagueira?

FILÓSOFO: Claro. De início, houve reações adversas, mas, ao final do workshop de três dias, todos haviam concordado.

JOVEM: Com certeza, é um argumento fascinante. Mas a gagueira me parece um exemplo bem específico. Poderia me dar outros?

FILÓSOFO: Bem, podemos falar do workaholic, outro exemplo de pessoa que claramente não tem harmonia de vida.

JOVEM: Os workaholics? Por quê?

FILÓSOFO: Pessoas que sofrem de gagueira estão olhando apenas para uma parte das coisas, mas julgando o todo. Com os workaholics, o foco recai somente num aspecto específico da vida. Provavelmente eles tentam justificar esse comportamento dizendo: "Tenho muito trabalho, não sobra tempo para pensar na família." Mas isso é uma mentira da vida. Eles estão apenas usando o trabalho como desculpa para evitar suas outras responsabilidades. A pessoa deve se preocupar com tudo, das tarefas domésticas à criação dos filhos, das amizades aos hobbies, e assim por diante. Adler não reconhece estilos de vida nos quais certos aspectos são extraordinariamente dominantes.

JOVEM: Ah... Meu pai era exatamente esse tipo de pessoa. Parecia um disco arranhado, dizendo: "Trabalhe duro", "Priorize o trabalho", "Produza resultados". "Depois governe a família sob a alegação de que você é quem leva comida para casa." Ele era uma pessoa bem autoritária.

FILÓSOFO: De certa forma, nesse estilo de vida você se recusa a reconhecer suas tarefas da vida. "Trabalho" não significa ter um emprego em uma empresa. Trabalho doméstico, criação dos filhos, contribuição para a sociedade local, hobbies e muitas outras coisas são trabalho. As empresas são uma pequena parte desse universo. Um estilo de vida que só reconhece o trabalho nas empresas carece de harmonia de vida.

JOVEM: É exatamente isso! E, além do mais, quem leva esse estilo de vida não permite qualquer manifestação da família que está sustentando. Não dá para discutir com seu pai quando ele reclama num tom de voz agressivo: "Graças a mim tem comida na mesa."

FILÓSOFO: Um pai desses provavelmente só conseguiu reconhecer o próprio valor no nível das ações. Ele trabalha horas e horas, ganha um salário suficiente para sustentar a família e é reconhecido pela sociedade – e por isso sente que tem mais valor que os outros membros da família. Mas chega um momento em que não conseguimos mais servir de provedores. Quando você envelhece e atinge a idade de se aposentar, por exemplo, só lhe resta viver da sua pensão ou ser sustentado por um filho. Aliás, mesmo quando você é jovem, um problema de saúde pode impedi-lo de continuar trabalhando. Nessas ocasiões, o indivíduo que só consegue se aceitar no nível das ações acaba fortemente prejudicado.

JOVEM: Você está falando daquelas pessoas cujo estilo de vida se resume ao trabalho?

FILÓSOFO: Isso. Pessoas que não têm harmonia de vida.

JOVEM: Acho que estou começando a entender o que você quer dizer com "nível do ser", que mencionou da última vez. E certamente não refleti muito sobre o fato de que um dia não vou conseguir mais trabalhar nem fazer nada no nível das ações.

FILÓSOFO: O indivíduo se aceita no nível das ações ou no nível do ser? Esta é uma questão relacionada à coragem de ser feliz.

VOCÊ PODE SER FELIZ AGORA

JOVEM: A coragem de ser feliz. Bem, vamos ouvir que *tipo* de coragem seria esse.

FILÓSOFO: Sim, este é um ponto importante.

JOVEM: Você diz que todos os problemas têm base nos relacionamentos interpessoais. E depois dá uma reviravolta e diz que a felicidade também deve ser encontrada nos relacionamentos. Mas ainda acho esses aspectos difíceis de aceitar. O que as pessoas chamam de felicidade é apenas algo dentro dos nossos bons relacionamentos? Ou seja, nossa vida existe para alcançarmos uma tranquilidade e uma alegria tão minúsculas?

FILÓSOFO: Tenho uma boa ideia das dúvidas que estão perturbando você. Na primeira vez que assisti a uma palestra sobre psicologia adleriana, o palestrante, Oscar Christensen, que foi discípulo de um dos discípulos de Adler, fez a seguinte afirmação: "Aqueles que estão ouvindo minha palestra hoje podem ser felizes agora, neste exato momento. Mas aqueles que não estão jamais conseguirão ser felizes."

JOVEM: Essa frase é típica de um charlatão. Não vá me dizer que você caiu nessa.

FILÓSOFO: O que é felicidade para o ser humano? É um dos temas recorrentes da filosofia desde os primórdios. Eu sempre havia encarado a psicologia como nada mais que um campo da filosofia, por isso não tinha quase nenhum interesse na psicologia como um todo. Então, foi como estudante de filosofia que, à minha maneira, eu comecei a me preocupar com a seguinte questão: o que é a felicidade? Eu mentiria se não admitisse que fiquei um pouco relutante ao ouvir as palavras de Christensen. Porém, ao mesmo tempo que senti a relutância, percebi uma coisa. Eu vinha refletindo sobre a verdadeira natureza da felicidade. Havia procurado respostas, mas nem sempre pensei profundamente na seguinte questão: como é possível ser feliz? Então me ocorreu que, embora eu fosse um estudante de filosofia, talvez não fosse feliz.

JOVEM: Entendo. Então seu primeiro encontro com a psicologia adleriana começou com uma sensação de incongruência?

FILÓSOFO: Exato.

JOVEM: Por favor, responda: com o tempo você acabou se tornando feliz?

FILÓSOFO: Claro.

JOVEM: Como pode ter tanta certeza?

FILÓSOFO: Para um ser humano, a maior infelicidade é não ser capaz de gostar de si mesmo. Adler apresentou uma proposta bem simples para abordar essa realidade: a sensação de ser benéfico à comunidade ou útil a alguém é a única coisa capaz de proporcionar uma consciência real de que você tem valor.

JOVEM: Você se refere ao conceito de "contribuição para os outros", que já mencionou antes?

FILÓSOFO: Sim. E este é um ponto importante: quando falamos de contribuição para os outros, não importa se a contribuição não é visível.

JOVEM: Como assim?

FILÓSOFO: Não é você quem decide se suas contribuições são úteis. Esta é uma tarefa que cabe à outra pessoa, e você não pode intervir nessa questão. Em princípio, não existe nem como saber se você realmente deu uma contribuição. O que significa que, quando estamos empenhados nessa contribuição, ela não precisa ser visível – tudo que precisamos é da sensação subjetiva de que somos úteis a alguém. Em outras palavras, precisamos ter a sensação de que contribuímos.

JOVEM: Espere aí! Se isso é verdade, então o que você chama de felicidade é...

FILÓSOFO: Entendeu agora? Resumindo, felicidade é a sensação de contribuição. Esta é a definição de felicidade.

JOVEM: Mas isso...

FILÓSOFO: Há algo de errado?

JOVEM: Não existe a menor chance de eu aceitar uma definição simplista dessas. Olhe, não esqueci o que você me disse antes: "Embora no nível das ações você possa não ser útil a ninguém, no nível do ser toda pessoa é útil." Se isso for verdade, de acordo com sua lógica todos os seres humanos são felizes!

FILÓSOFO: Todos os seres humanos podem ser felizes. Mas entenda: isso não significa que todos os seres humanos *são* felizes. No nível das ações ou no nível do ser, a pessoa precisa *se sentir* útil a alguém. Ou seja, precisa ter a sensação de contribuição.

JOVEM: Então você está dizendo que não sou feliz porque não tenho a sensação de contribuição?

FILÓSOFO: Correto.

JOVEM: E como obter a sensação de contribuição? Trabalhando? Fazendo atividades de voluntariado?

FILÓSOFO: Estávamos falando sobre o desejo de reconhecimento. Em resposta à minha afirmação de que não se deve buscar reconhecimento, você disse que o desejo de reconhecimento é universal.

JOVEM: Sim, disse. Mas, honestamente, ainda estou em dúvida quanto a este ponto.

FILÓSOFO: Tenho certeza de que agora você sabe por que as pessoas buscam o reconhecimento. Elas querem gostar de si mesmas. Querem sentir que têm valor. Para isso, buscam ter a sensação de contribuição que as informe de que são úteis a alguém. E procuram obter o reconhecimento dos outros como um meio fácil de ter essa sensação.

JOVEM: Você está dizendo que o desejo de reconhecimento é um meio de alcançar a sensação de contribuição?

FILÓSOFO: E não é?

JOVEM: De jeito nenhum. Isso contradiz tudo o que você vem dizendo até agora. Porque obter reconhecimento é um meio de ter a sensação de contribuição, certo? E aí você diz: "Felicidade é a sensação de contribuição." Neste caso, realizar o desejo de reconhecimento está diretamente ligado à felicidade, não está? Até que enfim você admitiu a necessidade do desejo de reconhecimento.

FILÓSOFO: Você está esquecendo uma questão importante: se o indivíduo obtém a sensação de contribuição ao receber o reconhecimento dos outros, a longo prazo ele não terá opção senão viver de acordo com os desejos de outras pessoas. Não há liberdade em uma sensação de contribuição proveniente do desejo de reconhecimento. Somos seres que escolhem a liberdade enquanto aspiram à felicidade.

JOVEM: Então a felicidade só é possível quando se tem liberdade?

FILÓSOFO: Sim. A liberdade como instituição varia de acordo com o país, a época ou a cultura. Mas a liberdade nos relacionamentos interpessoais é universal.

JOVEM: Não existe a menor chance de você aceitar o desejo de reconhecimento?

FILÓSOFO: Se um indivíduo realmente tem a sensação de contribuição, deixa de buscar o reconhecimento alheio, pois já terá a consciência real de que é útil a alguém e não precisará fazer qualquer esforço para obter o reconhecimento. Em outras palavras, a pessoa obcecada pelo desejo de reconhecimento ainda não possui a sensação de comunidade. Também não conseguiu se envolver na autoaceitação, não tem confiança nos outros nem alcançou a sensação de que está dando a sua contribuição.

JOVEM: Isso significa que, se você tem a sensação de comunidade, o desejo de reconhecimento desaparece?

FILÓSOFO: Sim, desaparece. Você não precisa do reconhecimento dos outros.

Os argumentos do filósofo podiam ser sintetizados da seguinte forma: as pessoas só conseguem ter consciência real de seu valor quando são capazes de se sentir úteis a alguém. Entretanto, não importa se a contribuição é visível. Basta que o indivíduo tenha a sensação subjetiva de ser útil, ou seja, a sensação de contribuição. E aí o filósofo chega à seguinte conclusão: felicidade é a sensação de contribuição. Com certeza, parecia haver alguma verdade nisso. *Mas será que a felicidade se resume a isso? Não se for a felicidade que eu estou buscando!*

DOIS CAMINHOS TRILHADOS PELOS QUE QUEREM SE TORNAR "SERES ESPECIAIS"

JOVEM: Você ainda não respondeu à minha pergunta. Talvez eu realmente possa aprender a gostar de mim mesmo através da contribuição para os outros. Talvez sinta que tenho valor, que não sou um ser inútil. Mas é só disso que eu preciso para ser feliz? Acho que, se eu não obtiver o tipo de realização grandiosa pelo qual serei lembrado pelas gerações futuras, se não conseguir me mostrar como um "eu que não sou ninguém mais senão eu", nunca acharei a verdadeira felicidade. Você está tentando enquadrar tudo nos relacionamentos interpessoais, mas não diz nada sobre a felicidade da autorrealização. Quer saber? Você está tentando me enrolar!

FILÓSOFO: Não entendi exatamente o que você chama de "felicidade da autorrealização". A que se refere?

JOVEM: Cada pessoa tem a sua. Existem pessoas que almejam o sucesso na sociedade e as que têm objetivos mais pessoais: um pesquisador tentando desenvolver um remédio milagroso, por exemplo, ou uma artista que busca criar um conjunto de obras gratificante.

FILÓSOFO: E para você? O que é a felicidade da autorrealização?

JOVEM: Ainda não sei o que estou buscando ou o que vou querer fazer no futuro. Mas sei que preciso fazer alguma coisa. Não existe a menor chance de eu passar o resto da vida trabalhando em uma biblioteca universitária. Quando eu achar um sonho ao qual possa dedicar a vida e alcançar a autorrealização, vou sentir a verdadeira felicidade. Meu pai vivia atolado no trabalho desde a manhã até a noite, e não faço ideia se aquilo foi felicidade para ele ou não. Aos meus olhos, pelo menos, ele sempre parecia ocupado e nunca feliz. Não é o tipo de vida que eu queira levar.

FILÓSOFO: Certo. Se você refletir sobre este ponto usando crianças com comportamentos problemáticos como exemplo, ficará mais fácil entender.

JOVEM: Comportamentos problemáticos?

FILÓSOFO: Isso. Em primeiro lugar, nós, seres humanos, temos o desejo universal conhecido como "busca da superioridade". Você se lembra de quando conversamos sobre isso?

JOVEM: Lembro. Resumindo, é um termo que indica "esperança de melhorar" e "busca de um estado ideal".

FILÓSOFO: Existem muitas crianças que, nos estágios iniciais, tentam ser especialmente boas: obedecem aos pais, comportam-se de forma socialmente aceitável e se dedicam aos estudos e aos esportes, além de se destacarem nas atividades extracurriculares. Com isso, tentam obter o reconhecimento dos pais. Mas, quando isso não funciona – não vão bem nos estudos ou nos esportes, por exemplo –, elas mudam da água para o vinho e tentam ser especialmente más.

JOVEM: Por que fazem isso?

FILÓSOFO: Se estão tentando ser especialmente boas ou más, o objetivo é o mesmo: chamar a atenção das outras pessoas, sair da condição de alguém "normal" e se tornar um "ser especial". Esse é o único objetivo.

JOVEM: Certo, continue.

FILÓSOFO: De qualquer modo, seja nos estudos ou nos esportes, é preciso fazer um esforço constante para produzir resultados expressivos. Mas as crianças que tentam ser especialmente más – ou seja, que se envolvem em comportamentos problemáticos – estão tentando atrair a atenção das outras pessoas, por isso evitam atividades saudáveis. Na psicologia adleriana, isso é chamado de "busca da superioridade fácil". Pense, por exemplo, na criança problemática que atrapalha as aulas atirando borrachas nos outros ou falando em voz alta. Ela tem certeza de que vai ganhar a atenção dos amigos e professores. Mesmo sendo algo limitado àquele espaço, ela provavelmente conseguirá se tornar um ser especial. Mas isso é uma busca da superioridade fácil e uma atitude doentia.

JOVEM: Então o jovem que comete ações delinquentes também está em busca da superioridade fácil?

FILÓSOFO: Está. Todos os tipos de comportamentos problemáticos – como se recusar a ir à escola, cortar os pulsos, beber, fumar, etc. – são meios de buscar a superioridade fácil. E aquele seu amigo confinado, que você mencionou lá no começo, também está nessa busca. Quando um jovem apresenta comportamentos problemáticos, ele é repreendido pelos pais e por outros adultos. A questão é que, mais do que qualquer outra coisa, a repreensão pressiona o jovem. Mesmo que seja na forma da repreensão, o jovem quer a atenção dos pais, quer ser especial, e a forma da atenção não importa. Assim, em certo sentido, é natural que ele não pare de se envolver em comportamentos problemáticos, por mais dura que seja a repreensão.

JOVEM: É por causa da repreensão que ele mantém o comportamento problemático?

FILÓSOFO: Exato. Porque, ao repreender, os pais e outros adultos estão dando atenção a ele.

JOVEM: Mas antes você falou que o objetivo do comportamento problemático é se vingar dos pais, certo? Existe alguma relação?

FILÓSOFO: Sim. Não é difícil ver a conexão entre a vingança e a busca da superioridade fácil. Para tentar ser "especial", você dá trabalho a outra pessoa.

A CORAGEM DE SER NORMAL

JOVEM: Mas como...? Seria impossível que todos os seres humanos fossem especialmente bons, ou algo parecido, não acha? Aconteça o que acontecer, as pessoas têm seus pontos fracos e fortes, e sempre vai haver diferenças entre elas. Só existe um punhado de gênios no mundo, e nem todas as pessoas têm vocação para ser estudantes de destaque. Assim, para todos os "perdedores", não resta alternativa senão serem especialmente maus.

FILÓSOFO: Sim, é o paradoxo socrático de que ninguém deseja o mal, porque, para jovens com comportamento problemático, até violência e roubo são ações do "bem".

JOVEM: Mas que horror! Essa é uma linha de raciocínio sem escapatória.

FILÓSOFO: O que a psicologia adleriana enfatiza neste ponto são as palavras "a coragem de ser normal".

JOVEM: A coragem de ser normal?

FILÓSOFO: Por que é preciso ser especial? Provavelmente porque a pessoa não consegue aceitar seu eu normal. E é por isso que, quando fica impossível ser especialmente bom, o indivíduo dá um salto enorme e se torna especialmente mau – o exato oposto. Mas será que ser normal, ser comum, é tão ruim assim? É algo inferior? Será que, na verdade, não somos todos normais? É preciso refletir sobre isso até chegar a uma conclusão lógica.

JOVEM: Então você está dizendo que eu deveria ser normal?

FILÓSOFO: A autoaceitação é o primeiro passo fundamental. Se você conseguir ter a coragem de ser normal, seu modo de ver o mundo mudará de forma drástica.

JOVEM: Mas...

FILÓSOFO: Você provavelmente está rejeitando a normalidade porque iguala ser normal a ser incapaz. Ser normal não é ser incapaz. Ninguém precisa ostentar a própria superioridade.

JOVEM: Tudo bem, eu reconheço que existe um perigo em tentar ser especial. Mas é preciso mesmo fazer a opção consciente de ser normal? Se eu passo por este mundo de forma totalmente trivial, se vivo uma vida inútil, sem deixar qualquer registro ou lembrança da minha existência, devo me satisfazer com meu destino porque esse é o tipo de ser humano que sou? Você só pode estar de brincadeira. Eu abandonaria essa vida em um segundo!

FILÓSOFO: Você quer ser especial de qualquer jeito?

JOVEM: Não! Aceitar o que você chama de "normal" me obrigaria a afirmar meu eu ocioso! Seria como dizer "Eu sou capaz só disso mesmo, e tudo bem". Mas eu me recuso a aceitar esse estilo de vida ocioso. Você pensa que Napoleão, Alexandre Magno, Einstein ou Martin Luther King aceitaram o "normal"? E que tal Sócrates e Platão? Sem chance. Provavelmente, todos eles passaram a vida carregando a bandeira de um grande ideal ou objetivo. Com a sua linha de raciocínio, nunca veríamos outro Napoleão. Você está tentando livrar o mundo dos gênios!

FILÓSOFO: Então o que você está dizendo é que precisamos de objetivos grandiosos na vida.

JOVEM: É obvio!

"A coragem de ser normal": que palavras terríveis. Será que Adler e o filósofo estão realmente me instruindo a escolher esse caminho? A viver como um qualquer, entre a massa de pessoas comuns, sem rosto? É claro que eu não sou nenhum gênio. Talvez "normal" seja o único adjetivo para me descrever. Talvez eu precise aceitar meu eu medíocre e me contentar em viver uma existência banal. Mas vou resistir. Aconteça o que acontecer, vou me opor a esse homem até o fim. Parece que estamos atingindo o ápice da nossa discussão. O coração do jovem estava batendo rápido e, apesar do frio, seus punhos cerrados brilhavam de suor.

A VIDA É UMA SÉRIE DE MOMENTOS

FILÓSOFO: Tudo bem. Quando você fala de ideais elevados, imagino que tenha em mente a imagem de um alpinista tentando chegar ao cume.

JOVEM: Isso. As pessoas, inclusive eu, querem chegar ao topo da montanha.

FILÓSOFO: Mas se a vida fosse escalar uma montanha para alcançar o topo, as pessoas passariam a maior parte do tempo "em trânsito". Ou seja, sua "vida real" começaria com a expedição na encosta e a distância percorrida até o cume seria uma "vida hesitante" vivida por um "eu hesitante".

JOVEM: Acho que é possível enxergar assim. Atualmente, sem dúvida, sou uma pessoa "em trânsito".

FILÓSOFO: Agora, supondo que você não tenha chegado ao topo, o que isso significaria para sua vida? Com os acidentes, as doenças e coisas desse tipo, nem todos chegam ao cume. Além do mais, o alpinismo é uma atividade cheia de armadilhas e muitas vezes acaba em fracasso. Assim, nossa vida seria interrompida "em trânsito", no momento em que esse "eu hesitante" está levando uma "vida hesitante". Que tipo de vida seria esse?

JOVEM: Bem, nesse caso a pessoa recebe aquilo que merece. Se eu não tive capacidade, força física, sorte ou habilidade para escalar a montanha, paciência. Essa é uma realidade que estou preparado para aceitar.

FILÓSOFO: A psicologia adleriana tem um ponto de vista diferente. As pessoas que pensam na vida como a escalada de uma montanha estão tratando a própria existência como uma linha. É como se existisse uma linha que nascesse no instante em que viemos ao mundo e fizesse todo tipo de curvas até alcançar o topo. Então finalmente chega ao seu término, que é a morte. Essa concepção, que trata a vida como uma espécie de história, é uma ideia vinculada à etiologia freudiana (a atribuição de causas), uma forma de pensar que transforma a maior parte da vida em algo que está "em trânsito".

JOVEM: Então, qual é a sua imagem da vida?

FILÓSOFO: Não trate a vida como uma linha. Pense nela como uma série de pontos. Se você usa uma lupa para observar uma linha desenhada com giz, descobre que aquilo que achava ser algo contínuo não passa de uma série de pontinhos. A existência aparentemente linear é, na verdade, uma série de pontos. Em outras palavras, a vida é uma série de momentos.

JOVEM: Uma série de momentos?

FILÓSOFO: Sim. É uma série de momentos chamados "agora". Só podemos viver no aqui e agora. Nossa vida existe apenas em momentos. Adultos que não sabem disso tentam impor uma vida "linear" aos jovens. Eles pensam que permanecer na trilha convencional – fazer uma boa faculdade, trabalhar numa grande empresa, ter um lar estável – é ter uma vida feliz. Mas a vida não é uma linha.

JOVEM: Então não há necessidade de planejar a vida ou a carreira?

FILÓSOFO: Se a vida fosse uma linha, seria possível planejá-la. Mas nossa vida é apenas uma série de pontos. Uma vida bem planejada não é algo a ser tratado como necessário ou desnecessário – ela é simplesmente impossível.

JOVEM: Ah, que bobagem! Que ideia absurda!

VIVA COMO SE ESTIVESSE DANÇANDO

FILÓSOFO: O que há de errado nisso?

JOVEM: Seu argumento não só nega os planos de vida, mas os próprios esforços de quem quer se planejar. Pense, por exemplo, na vida de alguém que sonhou em ser violinista desde criança e que, após anos de treinamento rigoroso, enfim alcançou o posto de titular em uma orquestra famosa. Ou pense em outra vida, em que o indivíduo estudou muito e passou na prova para se tornar advogado. Nenhuma dessas vidas seria possível sem objetivos e planos.

FILÓSOFO: Então, em outras palavras, eles perseveraram em seus caminhos como alpinistas querendo chegar ao topo da montanha?

JOVEM: Claro!

FILÓSOFO: Mas será que é isso mesmo? Será que essas pessoas não viveram cada instante no aqui e agora – ou seja, em vez de viverem uma vida "em trânsito", estão sempre vivendo o momento? Por exemplo, será que a pessoa que sonhava se tornar violinista não estava sempre estudando peças de música e se concentrando em cada compasso e cada nota?

JOVEM: Eles alcançariam seus objetivos dessa maneira?

FILÓSOFO: Pense da seguinte maneira: a vida é uma série de momentos, que você vive como se estivesse dançando agora, em torno de cada instante passageiro. E, quando você observa o que está ao seu redor, se dá conta: *Acho que tive sucesso até aqui.* Entre os que dançaram ao som do violino, alguns seguem o rumo e se tornam músicos profissionais. Entre os que dançaram a dança do exame da Ordem dos Advogados, alguns se tornam advogados. Existem outros que dançaram a dança da literatura e se tornaram escritores. Claro que, às vezes, as pessoas vão parar em lugares totalmente diferentes, mas nenhuma dessas vidas chegou ao fim "em trânsito". Basta se sentir realizado no aqui e agora enquanto está dançando.

JOVEM: Basta dançar no agora?

FILÓSOFO: Sim. No caso da dança, a meta é a própria dança, e ninguém está preocupado em chegar a algum ponto dançando. Claro que isso até pode acontecer. Quando você dança não permanece no mesmo lugar. Mas não existe um destino.

JOVEM: Uma vida sem destino... Onde já se viu falar numa coisa dessas? Quem validaria uma vida tão instável, em que você vai para onde o vento sopra?

FILÓSOFO: Esse tipo de vida que você menciona, que tenta alcançar um destino, pode ser denominado "vida cinética (dinâmica)". Já o tipo de vida dançante do qual estou falando pode ser denominado "vida energética (estado ativo atual)".

JOVEM: Cinética? Energética?

FILÓSOFO: Vejamos a explicação de Aristóteles. O movimento comum – denominado *kinesis* – tem um ponto de partida e um ponto de chegada. O movimento do ponto de partida ao ponto de chegada é ideal se for realizado com eficiência e o mais rápido possível. Se você pode fazer uma viagem de trem expresso, não tem por que pegar o parador.

JOVEM: Em outras palavras, se seu destino é virar advogado, o melhor é chegar lá com o máximo de rapidez e eficiência.

FILÓSOFO: Sim, e, na medida em que a meta ainda não foi alcançada, a estrada para esse destino está incompleta. Esta é a vida cinética.

JOVEM: Porque é incompleta?

FILÓSOFO: Isso mesmo. *Energeia*, por outro lado, é uma espécie de movimento em que aquilo que está "se formando agora" é o que "se formou".

JOVEM: O que está "se formando agora" é o que "se formou"? Como assim?

FILÓSOFO: Também podemos imaginar *energeia* como um movimento em que o próprio processo é tratado como o resultado. A dança é dessa forma, assim como uma viagem.

JOVEM: Estou ficando confuso... O que a viagem tem a ver com isso?

FILÓSOFO: Que tipo de objetivo existe em uma viagem? Vamos supor que você viaje para o Egito. Você tentaria chegar à Grande Pirâmide de Gizé com o máximo de rapidez e eficiência possível, depois voltar direto para casa pela rota mais curta? Isso não seria uma "viagem". Você deveria estar viajando desde o instante em que sai de casa, e os momentos a caminho do destino deveriam ser uma viagem. Claro que certas circunstâncias podem impedir sua chegada à pirâmide, mas isso não significa que você não tenha feito uma viagem. Assim é a "vida energética".

JOVEM: Acho que não estou entendendo. Você não estava refutando o tipo de sistema de valores que valoriza a chegada ao topo da montanha? O que acontece se você compara a vida energética com o alpinismo?

FILÓSOFO: Se a meta de escalar uma montanha fosse chegar ao topo, seria um ato cinético. Levando ao extremo, você poderia perfeitamente chegar ao topo de helicóptero, permanecer lá por cinco minutos e depois voltar de helicóptero. Claro que, se você não chegasse ao topo, a expedição teria sido um fracasso. Mas, se o objetivo é o alpinismo em si, e não apenas chegar ao topo, diríamos que é um ato energético. Neste caso, não importa se você chega ou não ao topo da montanha.

JOVEM: Esse tipo de argumento é ridículo! Você caiu numa enorme contradição. Vou expor as falhas desse seu sistema absurdo de uma vez por todas, e você vai perder a credibilidade diante do mundo inteiro.

FILÓSOFO: Sinta-se à vontade.

LANCE UMA LUZ NO AQUI E AGORA

JOVEM: Quando refutou a etiologia, você rejeitou o foco no passado. Disse que o passado não existe e não significa nada. Dou o braço a torcer com relação a esse ponto. É verdade que não se pode mudar o passado. Se existe algo que pode ser mudado, é o futuro. Mas, quando defende esse estilo de vida energético, você está refutando o planejamento. Ou seja, está rejeitando até a mudança do futuro por vontade própria. Então você rejeita olhar para o passado, mas também para o futuro. É como se pedisse que eu ande de olhos vendados por um caminho sem rumo.

FILÓSOFO: Você não consegue ver nem atrás nem à frente?

JOVEM: Isso, não consigo ver!

FILÓSOFO: Mas isso é natural, não acha? Qual é o problema?

JOVEM: Como assim? Do que você está falando?

FILÓSOFO: Imagine que você está num palco de teatro. Se as luzes estiverem acesas, você conseguirá enxergar até o fundo da plateia, mas, se estiver sob um refletor brilhante, não verá nem a primeira fila. Nossa vida é exatamente assim. Quando lançamos uma luz fraca sobre nossa vida inteira, conseguimos ver o passado e o futuro. Ou, pelo menos, imaginamos que conseguimos.

Mas, quando apontamos um refletor potente no aqui e agora, não conseguimos enxergar o passado nem o futuro.

JOVEM: Um refletor potente?

FILÓSOFO: Sim. Devemos viver mais intensamente apenas o aqui e agora. O fato de pensar que vê o passado ou prevê o futuro prova que, em vez de viver intensamente o aqui e agora, você está vivendo em um crepúsculo obscuro. A vida é uma série de momentos, e nem o passado nem o futuro existem. Quando tenta focar o passado e o futuro, na verdade você está tentando encontrar uma saída. O que aconteceu no passado não tem nada a ver com seu aqui e agora, e o que o futuro pode reservar não é assunto para o momento. Se você está vivendo intensamente o aqui e agora, não vai se preocupar com essas coisas.

JOVEM: Mas...

FILÓSOFO: Quando você adota o ponto de vista da etiologia freudiana, passa a ver a vida como uma grande história baseada em causas e efeitos. Tudo se resume a onde e quando nasci, como foi minha infância, onde estudei e em qual empresa consegui emprego. Esses fatores decidem quem eu sou agora e quem me tornarei. Claro que comparar nossa vida com uma história provavelmente é uma tarefa divertida. O problema é que você olha para a frente e vê a escuridão que paira sobre o final da história. Além disso, você vai tentar viver uma vida alinhada com a história, dizendo: "Minha vida é assim, então não tenho opção senão viver desta maneira, e não é por minha causa – isso acontece por causa do meu passado, do ambiente, etc." Mas, nesse caso, reviver o passado não passa de uma saída, de uma mentira da vida. Entretanto, a vida é uma série de pontos, uma série de momentos. Se você entender isso, não vai mais precisar de uma história.

Jovem: Olhando por esse lado, o estilo de vida que Adler defende também é um tipo de história.

Filósofo: Estilo de vida envolve o aqui e agora e pode ser mudado por vontade própria. A vida do passado só parece uma linha reta porque você sempre toma a decisão de não mudar. A vida à sua frente é uma página em branco, sem uma trilha demarcada para você seguir. Não existe história aqui.

Jovem: Mas isso é viver o momento. Ou, pior, um hedonismo perverso!

Filósofo: Não. Quando você aponta um refletor para o aqui e agora, na verdade está fazendo tudo que é possível agora, de forma intensa e consciente.

A MAIOR MENTIRA DA VIDA

JOVEM: Viver de forma intensa e consciente?

FILÓSOFO: Vamos supor que um estudante queira entrar para a faculdade, mas nem tente estudar. Com essa atitude, ele não está vivendo intensamente o aqui e agora. Claro que o vestibular pode estar distante, talvez ele não saiba direito o que precisa estudar e quanto se dedicar, por isso sinta dificuldade. Porém, basta ir aos poucos: a cada dia ele pode decorar algumas fórmulas matemáticas e memorizar alguns nomes. Resumindo, ele pode dançar a dança. Com isso, tem a sensação que o faz pensar: *Foi isso que eu fiz hoje, para isso serviu o dia de hoje.* É óbvio que o dia de hoje não é para um exame vestibular no futuro distante. E o mesmo valeria para seu pai: provavelmente ele estava dançando a dança de seu trabalho diário. Vivia intensamente o aqui e agora, sem um objetivo grandioso ou a necessidade de alcançar o objetivo. E, se isso é verdade, parece que seu pai teve uma vida feliz.

JOVEM: Você quer que eu apoie esse estilo de vida? Que eu aceite a vida do meu pai, sempre sobrecarregada pelo trabalho...?

FILÓSOFO: Você não precisa apoiar, mas, em vez de ver a vida dele como uma linha que ele seguiu até alcançar determinado ponto, preste atenção em como ele a viveu, reflita sobre os momentos da vida dele.

JOVEM: Os momentos.

Filósofo: E o mesmo se pode dizer sobre sua vida. Você determina objetivos para o futuro distante e considera o agora seu período preparatório. Você pensa: *Eu quero muito fazer isso e vou fazer quando chegar o momento.* Este é um estilo de vida que adia a vida. Enquanto adiamos a vida, nunca conseguimos chegar a lugar algum, simplesmente passamos dia após dia numa monotonia sem graça, porque pensamos no aqui e agora como um simples período preparatório, em que é preciso ter paciência. Mas se você está estudando no presente para um vestibular num futuro distante, por exemplo, essa é a coisa real.

Jovem: Tudo bem, aceito. E com certeza aceito viver intensamente o aqui e agora, sem forjar uma linha. Mas não tenho sonhos ou objetivos. Não sei que dança devo dançar. Meu aqui e agora não passa de momentos inúteis.

Filósofo: A falta de objetivos não chega a ser um problema. Viver intensamente o aqui e agora já é uma dança. Não se deve levar tudo tão a sério. Por favor, não confunda ser intenso com ser sério demais.

Jovem: Ser intenso, mas não sério demais.

Filósofo: Isso mesmo. A vida é sempre simples, não exige excesso de seriedade. Se alguém vive cada momento intensamente, não precisa ser sério demais. E tem outra coisa: quando você adota um ponto de vista energético, a vida é sempre completa.

Jovem: Como assim?

Filósofo: Se a sua vida, ou a minha, terminasse aqui e agora, ninguém poderia dizer que tivemos vidas infelizes. A vida que acaba aos 20 anos e a que acaba aos 90 são ambas completas e felizes.

JOVEM: Então, se eu vivo intensamente o aqui e agora, esses momentos serão sempre completos?

FILÓSOFO: Exato. Eu usei a expressão "mentira da vida" várias vezes nas nossas conversas. Quero finalizar falando sobre a maior de todas as mentiras da vida.

JOVEM: Fale.

FILÓSOFO: A maior de todas as mentiras da vida é não viver o aqui e agora. É olhar para o passado e o futuro, lançar uma luz fraca sobre toda a sua vida e acreditar que conseguiu enxergar alguma coisa. Até aqui, você se afastou do aqui e agora e lançou uma luz ou inventou passados e futuros. Você contou uma grande mentira para sua vida, para esses momentos insubstituíveis.

JOVEM: Entendi.

FILÓSOFO: Então deixe de lado a mentira da vida e aponte um refletor forte no aqui e agora, sem medo. Você consegue.

JOVEM: Consigo? Você acha que eu tenho a *coragem* de viver esses momentos intensamente, sem recorrer à mentira da vida?

FILÓSOFO: Como nem o passado nem o futuro existem, vamos conversar sobre o agora. O que decide tudo não é o ontem nem o amanhã. É o aqui e agora.

DÊ SENTIDO A UMA VIDA APARENTEMENTE SEM SENTIDO

JOVEM: O que você está dizendo?

FILÓSOFO: Acho que esta discussão chegou ao momento-chave. A oportunidade foi apresentada. Cabe a você aceitar ou não.

JOVEM: Talvez a psicologia adleriana e sua filosofia estejam me mudando de verdade. Talvez eu esteja tentando abandonar minha resolução de não mudar e escolhendo uma forma de vida nova, um estilo de vida novo... Mas há uma última coisa que eu gostaria de perguntar.

FILÓSOFO: O que seria?

JOVEM: Quando alguém considera a vida uma série de momentos e acredita que só existe o aqui e agora, que sentido ela tem? Para que eu nasci? Para que estou suportando esta vida de provações até dar meu último suspiro? Não consigo compreender o motivo disso tudo.

FILÓSOFO: "Qual o sentido da vida?" "Para que as pessoas estão vivendo?" Quando alguém fazia essas perguntas a Adler, ele respondia: "A vida em geral não tem sentido."

JOVEM: A vida não tem sentido?

Filósofo: O mundo é constantemente abalado por todo tipo de tragédias, e vivemos com os estragos da guerra e os desastres naturais à nossa volta. Quando somos confrontados com o fato de que crianças morrem no caos da guerra, não há como falar em um sentido da vida. Em outras palavras, não faz sentido usar generalizações para falar sobre a vida. Mas quando somos confrontados com essas tragédias incompreensíveis e não agimos, é como se as apoiássemos. Quaisquer que sejam as circunstâncias, de alguma forma precisamos agir. Precisamos resistir à "inclinação" de Kant.

Jovem: Isso!

Filósofo: Vamos supor que eu vivencie um desastre natural e minha reação seja olhar para o passado de forma etiológica e dizer: "O que pode ter causado o desastre?" Que significado tem essa atitude? A adversidade deve ser uma oportunidade de olhar em frente e pensar: *O que posso fazer daqui para a frente?*

Jovem: Concordo plenamente!

Filósofo: Depois de afirmar que "a vida em geral não tem sentido", Adler continua: "Qualquer que seja o sentido da vida, deve ser atribuído pelo indivíduo."

Jovem: Atribuído pelo indivíduo? O que isso significa?

Filósofo: Durante a guerra, meu avô foi atingido por uma bomba incendiária e teve o rosto gravemente queimado. Sob todos os aspectos, foi um acontecimento horrendo e desumano. Com certeza, seria possível que ele adotasse um estilo de vida com a perspectiva de que "o mundo é um lugar horrível" ou "as pessoas são minhas inimigas". Mas, sempre que meu avô pegava o trem para ir ao hospital, outros passageiros ofereciam o lugar a ele. Eu soube disso pela minha mãe, por isso não sei como ele se sentia. Mas vou lhe dizer em que acredito: acho que meu avô escolheu um estilo de vida com a perspectiva de que "as pessoas são minhas companheiras, e o mundo é um lugar maravilhoso". É exatamente sobre isso que Adler fala quando diz que o sentido da vida precisa ser atribuído pelo indivíduo. Dessa forma, a vida em geral não tem sentido algum, mas você pode atribuir sentido a ela. E só você pode atribuir sentido à sua vida.

JOVEM: Então me diga: como posso dar algum sentido a uma vida sem sentido? Ainda não tenho autoconfiança suficiente para isso.

FILÓSOFO: Você está perdido na sua vida. E por quê? Você está perdido porque tenta escolher a liberdade. Ou seja, um caminho no qual não tenha medo de ser detestado e não leve uma vida determinada pelos outros. Um caminho só seu.

JOVEM: Isso! Eu quero escolher a felicidade e a liberdade!

FILÓSOFO: Quando se tenta escolher a liberdade, é natural ficar perdido. Nesse ponto crítico, a psicologia adleriana oferece uma "estrela guia" que funciona como uma bússola que aponta para uma vida de liberdade.

JOVEM: Uma estrela guia?

FILÓSOFO: Como um viajante que depende da Estrela Polar, nossa vida precisa de uma estrela guia. É o que defende a psicologia adleriana. Trata-se de um ideal amplo que diz: enquanto não perdermos essa bússola de vista e continuarmos avançando nesta direção, existirá felicidade.

JOVEM: Onde está essa estrela?

FILÓSOFO: É a contribuição para os outros.

JOVEM: Hein? Contribuição para os outros!

FILÓSOFO: Não importa o momento que você esteja vivendo, ou se certas pessoas o detestam: enquanto não perder de vista a estrela guia que mostra que você contribui para os outros, você não ficará perdido e poderá fazer o que quiser. Detestado ou não, você não se importa e vive livremente.

JOVEM: Então, se eu me orientar pela estrela guia da contribuição, sempre terei felicidade e companheiros ao meu lado.

FILÓSOFO: Exato. Portanto, dance os momentos do aqui e agora e viva intensamente. Não olhe para o passado nem para o futuro. Viva cada momento completo como uma dança. Você não precisa competir com ninguém nem ter um destino. Se estiver dançando, chegará a algum lugar.

JOVEM: Um "lugar" que ninguém mais conhece.

FILÓSOFO: Essa é a natureza da vida energética. Se eu olhar para minha própria vida até agora, por mais que tente, nunca chegarei a uma explicação satisfatória do motivo que me faz estar aqui e agora. Embora o estudo da filosofia grega já tenha sido meu foco em um momento no passado, pouco depois comecei a estudar a psicologia adleriana junto com ela, e aqui estou hoje nesta conversa profunda com você, meu amigo insubstituível. Isso é o resultado de ter dançado os momentos – essa é a única explicação possível. Quando você dança aqui e agora intensamente, o sentido de sua vida se torna claro.

JOVEM: Se torna? Eu... eu acredito em você!

FILÓSOFO: Sim, por favor, acredite. Convivendo há muitos anos com o pensamento de Adler, percebi uma coisa.

JOVEM: O quê?

FILÓSOFO: O poder do indivíduo é grande, ou melhor: "Meu poder é incomensuravelmente grande."

JOVEM: O que você quer dizer?

FILÓSOFO: Em outras palavras, se "eu" mudo, o mundo muda. Isso significa que o mundo só pode ser mudado por mim e que ninguém mais o mudará para mim. O mundo que apareceu para mim desde que aprendi a psicologia adleriana não é o mundo que eu conhecia antes.

JOVEM: Se eu mudo, o mundo muda. Ninguém mais mudará o mundo para mim...

FILÓSOFO: Isso lembra o choque que sente alguém que põe óculos pela primeira vez, após anos convivendo com a miopia. Contornos antes indistintos do mundo se tornam bem definidos, e até as cores são mais vivas. Além disso, todo o mundo visual se torna mais nítido, não só uma parte do campo visual. Imagino como você se sentirá quando tiver uma experiência semelhante.

JOVEM: Ah, se eu soubesse... Como eu queria ter sabido disso 10, ou mesmo cinco anos atrás. Se soubesse disso cinco anos atrás, antes de conseguir um emprego...

FILÓSOFO: A questão não é essa. Você diz que gostaria de ter sabido disso 10 anos atrás, mas a verdade é que você está pensando assim porque o pensamento de Adler repercutiu em você agora.

Ninguém sabe como você teria se sentido 10 anos atrás. Esta discussão é algo que você precisava ouvir agora.

JOVEM: Sim, com certeza!

FILÓSOFO: Vou citar Adler mais uma vez: "A pessoa precisa começar. Talvez as outras pessoas não cooperem, mas isso não tem a ver com você. Meu conselho é este: você deve começar sem levar em conta se os outros serão cooperativos ou não."

JOVEM: Ainda não sei dizer se fui eu que mudei ou se foi o mundo que vejo desta posição privilegiada que mudou. Mas uma coisa eu posso dizer com convicção: o aqui e agora está brilhando intensamente! Brilha tanto que não consigo enxergar quase nada do amanhã.

FILÓSOFO: Acho que você aceitou a oportunidade. Então, jovem amigo que caminha à frente, vamos caminhar juntos?

JOVEM: Sim, vamos caminhar juntos. E obrigado por todo o seu tempo.

FILÓSOFO: Eu que agradeço.

JOVEM: Espero que não se importe se, em algum momento, eu voltar aqui para visitá-lo, mas como um amigo. E não vou tentar rebater seus argumentos.

FILÓSOFO: Ah, finalmente você me mostrou o sorriso de uma pessoa jovem. Bem, já está tarde. É melhor você ir. Precisamos dormir. Amanhã vamos saudar a chegada de mais um dia.

Lentamente, o jovem amarrou os cadarços dos sapatos e saiu da casa do filósofo. Ao abrir a porta, um cenário de neve se abriu à sua frente. A lua cheia estava encoberta, mas iluminava a brancura cintilante aos seus pés. *Que ar limpo. Que luz ofuscante. Vou pisar esta neve fresca e dar meu primeiro passo.* O jovem respirou fundo, coçou a barba rala e, em tom decidido, murmurou: "O mundo é simples e a vida também."

POSFÁCIO

Às vezes, um livro que pegamos por acaso acaba mudando toda a nossa perspectiva de vida.

Era o inverno de 1999, e eu era um jovem de 20 e poucos anos quando tive a sorte de deparar com uma dessas preciosidades numa livraria em Ikebukuro, Tóquio. Era *Adorā Shinrigaku Nyūmon* (Introdução à psicologia adleriana), de Ichiro Kishimi.

Ali estava uma forma de pensamento profunda em todos os aspectos, mas transmitida numa linguagem simples, que parecia subverter nossos pensamentos convencionais pela raiz. Uma revolução copernicana que negava o trauma e convertia a etiologia em teleologia. Eu, que nunca havia me convencido de todo com os discursos freudianos e junguianos, fui profundamente afetado. Quem era aquele tal de Alfred Adler? Como eu nunca tinha ouvido falar dele? Comprei todos os livros possíveis dele ou sobre ele. Fiquei totalmente absorvido e os li diversas vezes.

Depois, um fato me impressionou: o que me interessava não era somente a psicologia adleriana, mas algo que havia emergido pelo filtro do filósofo, Ichiro Kishimi: o que eu vinha buscando eram os estudos de Kishimi-Adler.

Fundamentada no pensamento de Sócrates, Platão e outros filósofos da Grécia Antiga, a psicologia adleriana que Kishimi nos transmite revela Adler como um pensador, um filósofo cuja obra foi bem além dos limites da psicologia clínica. Por exemplo, a afirmação "A pessoa só se torna um indivíduo em contextos sociais" é categoricamente hegeliana. Ao enfatizar a interpretação subjetiva em vez da verdade objetiva, ele reflete a visão de mundo de Nietzsche, e não faltam ideias lembrando a fenomenologia de Husserl e Heidegger.

A psicologia adleriana, que mudaria radicalmente a visão de mundo daquele jovem confuso, se inspira nessas visões filosóficas para afirmar que "todos os problemas têm base nos relacionamentos interpessoais", "as pessoas podem mudar e ser felizes agora, neste exato momento" e "o problema não é falta de habilidade, mas falta de coragem".

Quase ninguém que eu conhecia tinha ouvido falar da psicologia adleriana. Acabou me ocorrendo que eu gostaria de escrever com Kishimi um livro que seria uma edição definitiva da psicologia adleriana (estudos de Kishimi-Adler). Foi aí que comecei a contatar um editor após o outro, aguardando com impaciência uma oportunidade.

Em março de 2010, finalmente consegui me encontrar com Kishimi, que mora em Kyoto. Na época, já fazia mais de 10 anos que eu tinha descoberto o livro dele.

Em certo momento, Kishimi me disse: "O pensamento de Sócrates foi transmitido por Platão. Eu gostaria de ser um Platão para Adler." Foi então que, sem titubear, respondi: "Então serei um Platão para você, Sr. Kishimi." Assim foi concebido este livro.

Um aspecto das ideias simples e universais de Adler é que às vezes ele parece estar afirmando o óbvio, enquanto outras tende a ser considerado um defensor de teorias idealistas, totalmente irrealizáveis.

Assim, na esperança de dirimir quaisquer dúvidas do leitor, adotei o formato de um diálogo entre um filósofo e um jovem.

Como se depreende da narrativa, não é fácil adotar as ideias de Adler. Certos pontos nos dão vontade de nos rebelar, algumas afirmações são difíceis de aceitar e determinadas propostas são complexas. Mas as ideias de Adler têm o poder de mudar completamente a vida de qualquer pessoa, como fizeram comigo há mais de uma década. Então é tudo uma questão de ter a coragem de dar um passo à frente.

Para encerrar, quero expressar minha profunda gratidão a Ichiro Kishimi, que, embora eu fosse bem mais jovem, nunca me tratou como um discípulo, mas se encontrou comigo diretamente como um amigo; ao editor Yoshifumi Kakiuchi, pelo apoio constante e irrestrito em todos os passos do caminho; e, enfim, a todos os leitores deste livro.

Muito obrigado.
FUMITAKE KOGA

Mais de meio século se passou desde a morte de Alfred Adler, e ainda não estamos à altura da novidade de suas ideias. Embora seja comparado a Freud e Jung, Adler é menos conhecido. Seus ensinamentos são considerados uma "pedreira comunitária" onde todos podem escavar. E, ainda que seu nome não costume ser mencionado, a influência de seus ensinamentos se espalhou por toda parte.

Eu vinha estudando filosofia desde o fim da adolescência, e foi mais ou menos na época do nascimento do meu filho, quando eu tinha uns 30 e poucos anos, que deparei pela primeira vez com a psicologia adleriana. A teoria eudemônica, que investiga a questão "O que é felicidade?", é um dos temas centrais da filosofia ocidental. Eu havia passado anos e anos refletindo sobre essa questão quando assisti à palestra em que tomei conhecimento da psicologia adleriana. Ao ouvir o palestrante declarar "Aqueles que estão ouvindo minha palestra hoje podem ser felizes agora, neste exato momento", senti uma repulsa, mas ao mesmo tempo me ocorreu que eu nunca havia pensado a fundo sobre como encontrar a felicidade. Assim, com a ideia de que "achar a felicidade" talvez fosse mais fácil do que eu havia imaginado, passei a me interessar pela psicologia adleriana.

Desse modo, comecei a estudar a psicologia adleriana lado a lado com a filosofia. Logo percebi, porém, que não podia estudá-las separadamente, como dois campos distintos.

Por exemplo, longe de ser algo que apareceu de uma hora para outra no tempo de Adler, a ideia da teleologia está presente na filosofia de Platão e Aristóteles. Ficou claro para mim que a psicologia adleriana era uma forma de pensamento que tinha o mesmo espírito que a filosofia grega. Também percebi que os diálogos de Sócrates com os jovens, que Platão registrou para a posteridade, poderiam ser considerados bem próximos da orientação psicológica praticada hoje em dia.

Embora muitos considerem a filosofia algo difícil de entender, os diálogos de Platão não contêm nenhuma linguagem especializada.

É estranho que a filosofia deva ser discutida com palavras entendidas apenas por especialistas, porque, em seu sentido original, filosofia não se refere à "sabedoria" em si, mas ao "amor pela sabedoria", no qual o importante é o processo de aprender o que não se sabe para alcançar a sabedoria.

O importante não é atingir a sabedoria no fim de tudo.

Uma pessoa lendo os diálogos de Platão hoje pode se surpreender ao descobrir que o diálogo sobre a coragem, por exemplo, termina sem chegar a nenhuma conclusão.

Os jovens envolvidos em diálogos com Sócrates nunca concordam com o que ele diz no começo. Refutam totalmente suas afirmações. Este livro segue a tradição da filosofia desde Sócrates, por isso segue o formato de um diálogo entre um filósofo e um jovem.

Após descobrir a existência da psicologia adleriana, que é outra filosofia, fiquei insatisfeito com o estilo de vida do pesquisador que apenas lê e interpreta os textos de seus predecessores. Eu queria me envolver em diálogos, como Sócrates fazia, e comecei a dar orientação psicológica em clínicas de psiquiatria e em outros locais.

Com isso, conheci muitos jovens.

Todos queriam viver intensamente, mas muitos haviam sido aconselhados pelos mais velhos, com experiência de vida e saturados, a "serem mais realistas", e estavam prestes a desistir de seus sonhos. Eram pessoas que, exatamente por serem puras, haviam tido experiências difíceis com relacionamentos interpessoais.

Querer viver intensamente é importante, mas não basta. Adler nos informa de que todos os problemas têm base nos relacionamentos interpessoais. Acontece que, se você não sabe desenvolver bons relacionamentos, pode acabar tentando satisfazer as expectativas alheias. E, mesmo tendo algo a dizer, a pessoa é incapaz de se comunicar por medo de ferir o outro, por isso acaba abandonando o que realmente quer fazer.

Embora certas pessoas até sejam populares entre os conhecidos e não sejam detestadas por muitos, acabarão sendo incapazes de viver a própria vida.

Para um jovem como o deste livro, que possui muitos problemas e já teve um duro despertar para a realidade, os pontos de vista apresentados pelo filósofo, de que o mundo é simples e de que todos podem ser felizes agora, neste exato momento, podem surpreender.

"Minha psicologia é para todos", afirma Adler, que, dispensando a linguagem especializada, como fez Platão, nos mostra passos específicos para melhorarmos nossos relacionamentos interpessoais.

Se é difícil aceitar o pensamento de Adler, é por ser uma compilação de antíteses ao pensamento social comum, e porque, para entendê-lo, é preciso colocar suas ideias em prática no dia a dia. Embora suas palavras não sejam difíceis, podem dar a impressão de dificuldade – é como imaginar o calor escaldante do verão em pleno frio do inverno. Mas espero que o leitor consiga encontrar aqui chaves para solucionar seus problemas de relacionamento.

No dia em que Fumitake Koga, meu colaborador e coautor deste livro, visitou pela primeira vez meu gabinete, ele disse: "Serei um Platão para você, Sr. Kishimi."

Hoje, conseguimos aprender a filosofia de Sócrates, que até onde se sabe não deixou nenhum texto escrito, porque Platão registrou seus diálogos na forma escrita. Mas Platão não registrou simplesmente o que Sócrates disse: é graças à compreensão correta de Platão que os ensinamentos de Sócrates são transmitidos até hoje.

Da mesma forma, é graças à excepcional capacidade de compreensão de Koga, que persistiu em realizar repetidos diálogos comigo ao longo de vários anos, que este livro foi publicado. Tanto Koga como eu fizemos frequentes visitas aos nossos professores da época da universidade, e o jovem descrito nestas páginas poderia ser qualquer um de nós. Porém, mais que qualquer um, ele é você, que escolheu este livro. Espero sinceramente que, embora você talvez continue com algumas dúvidas, através deste diálogo com um filósofo eu consiga ajudá-lo a se manter determinado em todos os tipos de situações da vida.

Ichiro Kishimi

CONHEÇA OS LIVROS DOS AUTORES

A coragem de não agradar

A coragem de ser feliz

CONHEÇA ALGUNS DESTAQUES DE NOSSO CATÁLOGO

- Augusto Cury: Você é insubstituível (2,8 milhões de livros vendidos), Nunca desista de seus sonhos (2,7 milhões de livros vendidos) e O médico da emoção
- Dale Carnegie: Como fazer amigos e influenciar pessoas (16 milhões de livros vendidos) e Como evitar preocupações e começar a viver
- Brené Brown: A coragem de ser imperfeito – Como aceitar a própria vulnerabilidade e vencer a vergonha (900 mil livros vendidos)
- T. Harv Eker: Os segredos da mente milionária (3 milhões de livros vendidos)
- Gustavo Cerbasi: Casais inteligentes enriquecem juntos (1,2 milhão de livros vendidos) e Como organizar sua vida financeira
- Greg McKeown: Essencialismo – A disciplinada busca por menos (700 mil livros vendidos) e Sem esforço – Torne mais fácil o que é mais importante
- Haemin Sunim: As coisas que você só vê quando desacelera (700 mil livros vendidos) e Amor pelas coisas imperfeitas
- Ana Claudia Quintana Arantes: A morte é um dia que vale a pena viver (650 mil livros vendidos) e Pra vida toda valer a pena viver
- Ichiro Kishimi e Fumitake Koga: A coragem de não agradar – Como se libertar da opinião dos outros (350 mil livros vendidos)
- Simon Sinek: Comece pelo porquê (350 mil livros vendidos) e O jogo infinito
- Robert B. Cialdini: As armas da persuasão (500 mil livros vendidos)
- Eckhart Tolle: O poder do agora (1,2 milhão de livros vendidos)
- Edith Eva Eger: A bailarina de Auschwitz (600 mil livros vendidos)
- Cristina Núñez Pereira e Rafael R. Valcárcel: Emocionário – Um guia lúdico para lidar com as emoções (800 mil livros vendidos)
- Nizan Guanaes e Arthur Guerra: Você aguenta ser feliz? – Como cuidar da saúde mental e física para ter qualidade de vida
- Suhas Kshirsagar: Mude seus horários, mude sua vida – Como usar o relógio biológico para perder peso, reduzir o estresse e ter mais saúde e energia